菊池省三
365日
の
価値語

プラスの言葉で成長に導く
最高の教室

菊池省三・菊池道場広島支部 著

明治図書

はじめに

「言葉で人を育てる」

これが、私たち菊池道場が最も大切にしている基本的な指導の考え方です。日々の教育活動の中で、価値ある言葉を子どもたちに植林していくのです。

価値ある言葉のことを「価値語」と呼んでいます。子どもたちの考え方や行動をプラスに導いていく言葉です。この「価値語」指導は、菊池実践の根幹です。

成長に向かっている学級にはプラスの言葉があふれています。一方、荒れたクラスにはマイナスの言葉が飛び交っています。人は誰でも新しい言葉を知ると使いたくなるものです。言葉は実体験を求めるのです。つまり、プラスの価値ある言葉である「価値語」を、子ども一人ひとりの心の中にどれだけ届かせることができるかが、年間を通した学級づくりを大きく左右すると言えるでしょう。

20年ほど前の私の実践から、「菊池語録」が生まれ、それがいつしか「価値語」と呼ばれるようになり、全国の教室にこの実践が広がっています。

本書は、菊池道場の中でも「価値語の広島」と呼ばれている広島支部の先生方のおかげでできました。

「365日の伝えあう価値語」というテーマで、1年間を「出会いの日」「新学期始め」「1学期」「2学期」「3学期」「叱りたい・注意したい場面」の6つに分けて、具体的なエピソードを交えながら、最高の教室をつくる価値語を示してくださっています。

全国のすべての教室に必要であり、役立つ内容になっています。本書を世に送り出していただいた菊池道場広島支部の大塚秀彦支部長をはじめ、支部メンバーの先生方には感謝の気持ちでいっぱいです。ありがとうございました。本書をきっかけに、全国の子どもたちが一人ひとり輝き、教室全体が家庭のような温かい居場所になっていくことを期待しています。

菊池道場　道場長　菊池 省三

Contents

はじめに

1 最高の教室をつくる価値語

価値語の誕生 …10
進化し続ける価値語指導の実際とこれから …17

2 365日の伝えあう価値語

出会いの日に伝えあう価値語

束になって伸びる	…22	お話は目で聞く	…23
最速行動は五つ星	…24	あいさつは人をつなげる一言	…25
？の畑を耕そう	…26	バケツの中を虹色に	…27
10歳の壁を越えよう	…28	長幼の心	…29
範を示す	…30	キラキラ姿勢	…31

新学期始めに伝えあう価値語

小さい「ツ」	…32	迫力姿勢	…33
責任を果たす人	…34	ほめ言葉発見力	…35
生長ではなく成長する力	…36	非日常は成長の大チャンス	…37
公の時間	…38	直立力	…39
公の文字力	…40	遠回りした人にしか見えない景色	…41

1学期に伝えあう価値語

【学級生活にかかわる場面】

手を引っ張る	…42	深掘り力	…43
生み出し力	…44	行動の敬語	…45
100m越しのあいさつ	…46	必死の30秒	…47
「いつの間にか」が嬉しい	…48	ひざを汚す	…49
一秒静止	…50	たいの力	…51

【授業にかかわる場面】

納得解を楽しむ	…52	切り替えスピード	…53
口火を切る	…54	き・く・こ・よ・ね	…55
三つあります	…56	書くと発表はセット	…57
メモ力	…58	正対	…59
事実+意見	…60	引用せよ	…61
ロケットを発射する	…62		

【友達関係にかかわる場面】

群れではなく集団になる	…63	つまらない壁を壊す	…64
考え力	…65	笑顔の神様	…66
ライバルは自分	…67	年上のプライドをもて	…68
ご縁は一生	…69	固い握手	…70
指先で送るメッセージ	…71		

2学期に伝えあう価値語

【学級生活にかかわる場面】
- 放送事故を起こさない …72
- 日常を非日常に，非日常を日常に …74
- 「2・6・2」の上の2になろう …76
- 安心安全基地 …78
- プラス1 …80
- ブレない自分軸をもとう …73
- ダンディズム …75
- 先生を超える …77
- 拍手の渦 …79
- 微笑み返し力 …81

【授業にかかわる場面】
- 一人も見捨てない …82
- 前向きな失敗 …84
- 作戦会議 …86
- チーム連携 …88
- 学びの拡大 …90
- Win-Win-Winを目指そう …92
- 競争より共生 …83
- 一人をつくらない …85
- 無茶振りに応える …87
- 空気は自分でつくる …89
- 突き抜けるまで徹底的にやる …91

【友達関係にかかわる場面】
- 敬語は自分の世界を広げるパスポート …93
- プラスの流れに乗ろう …95
- ブレーキ力 …97
- 30人30色 …99
- 聞ける雰囲気，聞く雰囲気 …101
- 遊び王 …94
- いいことは真似する …96
- 限りなく透明な心 …98
- 出会いと別れを成長に …100

3学期に伝えあう価値語

【学級生活にかかわる場面】

一笑懸命 …102	リストラでリトライ …103
誰も色あせない …104	シブすぎる仕事力 …105
笑う …106	おかげさま …107
パズルの1枚 …108	考え続ける …109
思行力 …110	リバウンドしない …111
本気の本気 …112	

【授業にかかわる場面】

「同じです」は言わない …113	自問自答せよ …114
45分間での成長 …115	要約力 …116
答えは自分の内側に …117	「楽しそう・楽しい・楽しかった」の3拍子 …118
いつでも,どこでも,誰とでも …119	話の流れをつくる …120
「らしさ」を見つける,引き出す,伝える …121	聞こえる声ではなく,聞かせる声 …122

【友達関係にかかわる場面】

スペシャルパフェにする …123	ブーメランの法則 …124
他己中力 …125	ふり向けばお助けマン …126
コミュニケーションの達人 …127	ホームの安心感 …128
友達効果 …129	ともに磨く …130
駄菓子のような人 …131	

叱りたい・注意したい場面で伝えあう価値語

信頼の山	…132	愛ある無視	…133
自分も相手も大切に	…134	置いといて	…135
NGワードを使わない	…136	凧は向かい風の時によく揚がる	…137
未来を見る「め」で	…138	外弁慶	…139
責任ある積極性	…140	「できる」ではなく「やる」	…141

1
最高の教室をつくる価値語

価値語の誕生

　今から20年ほど前，私は北九州市内でも「荒れた学校」に勤務していました。「菊池学級」に参観者が増え始めた頃です。

　コミュニケーションの指導を核としながら，子ども，学級と格闘していた頃です。その当時は，「言葉で正す」という毎日でした。参観者の方から「いくつかの言葉は，菊池先生の口癖ですね」「あの言葉には力がありましたね」「たくさんメモしました。これらは菊池語録ですね」といった感想をよく耳にしました。そんな中，私もそれらの言葉を意識し始めました。

　「価値語」の誕生です。

　私の言葉が子どもたちに浸透し，子どもたちもお互いに使うようになり，いつしか「価値語」と呼び合うようになったのです。

　当時の「価値語」を紹介します。「言葉で正す」ことが中心だっただけに，父性的な言葉が並びます。

●菊池学級の言葉と行為130

・公の言葉を使いなさい
・話は1回で聴くのです
・素直な人は伸びる人です
・学級目標が中心です
　（わがままを禁止する）
・あふれさせたい言葉，なくしたい言葉を意識しなさい
・はきはきと美しい日本語で
・3秒間を空けない
　（自由起立発表で間を開けない）

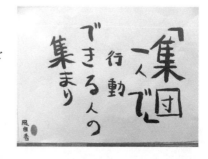

- 書いたら発表するのです
 (ノートに書いたが発言しない子どもに)
- やる気のある人だけ〜しましょう
- 質よりも量を求めなさい
- 低級に考え行動しよう
 (具体的な行動を考えさせる)
- 世のため人のために何をしていますか?
- 当たり前のことを当たり前にするのです
- あなたに聞いているのです
- 言動に「主語」を入れなさい
- 心の芯をビシッとしなさい
- 何のためにするのですか?
- もっと簡潔に話しなさい
- 昨日よりも成長したことを言いなさい
- 「えー」ではなく「よーし」で考えるのです
- 恥ずかしいといって何もしないのが恥ずかしいのです
- もてる力を発揮しなさい
- 並びながら出発
 (移動で遅い人を待たない)
- 「出る声」ではなく「出す声」で話すのです
- これは小学生だったらすぐにわかる
- 理由のない意見はいじめと同じ
- 「なぜ?」「例えば?」
- 時間は〇分です
- 〇つ書けたら持ってきなさい
- うっとりするぐらい綺麗に書きなさい
- あてずっぽうで答えなさい
- 朝と帰りのあいさつはキチンとします

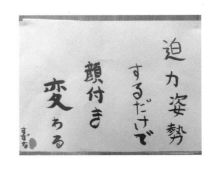

- 「はい」に小さな「ッ」をつけなさい
- 「は」の字をハッキリ「おはようございます」
- 話を聞かない人と一緒にいると時間の無駄です
- これは寝なければできます
  （怠慢さを戒める）
- 何のために小学生をしているのですか
- 空気に負けないようにしなさい
- 君が悪いのではない君のその行為が悪いのです
- その行為・言葉の周りへの影響を考えなさい
- あなたらしさが生きていますか
- 質問はもっと限定しなさい
- 説明はしつこくしなさい
- 誰がそこでおしっこしているのですか
  （掃除中に座り込んでいる子どもに）
- 誰とでも仲良くします，できます
- あいさつ，そうじもできないで他に何ができるのですか
- 机はとなりと離しません
- 手を挙げるのです。曲げるのではありません
- 腰に力を入れなさい
- 自分の意見を言って死んだ人はいません
- やる気ある？
- 「もてる力を十分に発揮した・しない方がよかった」どっちですか？
- 言いたい人？
- 先生からの本は３日で読むのです
- 知恵がないものが知恵をしぼっても出てきません。だから，人に会い本を読むのです
- 「自分から」がないとダメですね
- 先生はなぜ止めなさいと言ったかわかる人？

- 「おとなしい」は子どものうちはよくない
- 「わからない」という言い訳はしません
- 性格が変われば顔が変わる
- 体のキレがポイントです
- 明日はどうなっていたいですか
- それをあなたが考えるのです
  （自分で考えずに聞きに来る子どもに）
- やる気のない人とは一緒にしません
- パッと反応するのです
- 速ければ速いほどいい
- 牛のよだれみたいに話しません
  （だらだらと話す子どもに）
- ズバッと言いなさい
- できないのですか？しないのですか？
- 頭の中をピリピリさせなさい
- 成功するまで続けるのです
- 君はこの1枚でいい
  （普段何もしないのに，その時の気分でがんばろうとする子どもに）
- 準備もしないでその失敗は当たり前です
- 汚い涙を見せません
  （できなくてすぐに泣いてしまう子どもに）
- 負荷を楽しみなさい
- 裏カリキュラムをしません
  （教師の指示と違うことをする子どもに）
- あなたがビシッとすればみんなもビシッとします
- 最後の人は恥ずかしいですね
- 君がわかるようになるまでに10年はかかるだろう

- 君はもうしなくてもいいよ
  （掃除などすべきことをさぼる子どもに）
- 前の人と同じことは言いません
- 日本記録をめざします
- ダメだからやり直しといっているのです
- 基準はあなたではなく常識です
- 貯金の量が違います
  （今までの努力の差を指摘する時に）
- 「〇年生らしさ」がなくなっています
- 日本中探してもそのような人はいません
- そんな病気は治しなさい
- 無人島で暮らしているのですか？
- あなたと同じ考えの人を探しておいで
- あなたのしたことは〇か×か，どっち？
- 目にやる気を出しなさい
- 胃袋がもう少しで出るぐらいに歌いなさい
- 「さすが〇年生」と言われるようにしなさい
- それは去年と同じではないですか？
- 同時に三つのことができないとダメです
- あなたの目と耳を使うのです
- 沈黙は弱い人のすることです
- 「今」するのです。「次」はありません
- 寝言は言わないように
- 幼稚園の子どものような理由は言わないように
- これは保育所の子でも知っています
- 常識です
  （当たり前のことを当たり前にさせる時に）
- これが言えないで思いやりのある人とは到底言えません

- 目が逃げています
- キチンと〆切に合わせなさい
- 今日までにできなかったことがなぜ明日にできるのか？
- 「正しいか，正しくないか」の基準をもって行動しなさい
- もう一人の自分は喜んでいますか？
- 「しかし」で今の自分を否定する自分を育てなさい
- あなたの成長曲線は加速していますか？
- 犬は自分のことだけを考える。人は，相手のことも思い考える。君は，どっちだ？
- 実験には必ず誤差が生じる。君の行動は，みんなから見ると誤差である
- 誤差は，無視しよう
- やる気を目と声に出しなさい
- 主語を入れて話しなさい
- 何人（なにじん）ですか？
- 日本語で話しなさい
- カタカナを使わないで説明しなさい
- ビシッと短く話しなさい
- 凛とした声で話すのです
- 一文を短く
- 文字にもあなたの思いやりが見える
- 小さな言葉を惜しまない
- 声だけでも実力がわかる
- 声は人なり
- 「〜思います」ではなく「〜です」と言い切れ
- 挙手の手の力強さは伝える責任の強さだ
- 太くて濃い字が書ける人になれ
- 聞き手との呼応関係をつくれ

今の教室では使えないような厳しい言葉もありますが、「言葉で正す」という私の思いが、これらの言葉に出ていることは伝わるのではないかと思います。いずれにしても、「菊池語録」が「価値語」のスタートでした。
　厳しい子どもたちも、確実に成長していきました。その変容は見事でした。・福岡県ディベート大会３連覇　・日本初の小学生によるメルマガ発行や書籍の出版　・NHK全国放送他民法で取材放映　・文部科学省の２回の視察などなど、「価値語」で育った子どもたちは、最高の学級をつくり、「菊池学級」を毎年巣立っていったのです。

進化し続ける価値語指導の実際とこれから

　価値語指導が全国に広がったのは，私がNHK「プロフェッショナル　仕事の流儀」で取り上げていただいた後になります。2012年の7月のことです。その後，本格的に菊池道場が全国ネットとして動き始めたことも大きいと思います。学校や地域ぐるみで取り組んでいるところも増えてきています。

　この間に，少しずつ「価値語」という言葉が，教育界を中心に広がっていきました。全国の多くの教室に「成長年表」や「価値語モデル」，黒板の左隅に価値語を板書する「5分の1黒板」などの具体的な取り組みも見られるようになりました。最近では保育所や幼稚園にも取り入れられています。

前頁の写真は「成長年表」です。１年間の成長を年表風にしたものです。「非日常」の取り組みをその都度短冊に書き，それに価値語をつけて貼り付けていきます。(例：４月５日　５年１組誕生『リセット』) 子どもたちはこの年表をながめながら言葉の力を感じつつ１年間の成長を実感していきます。

　上は，「価値モデル」の取り組みです。子どもの素敵な場面を写真に撮り，それに価値語をつけて掲示するのです。見える化をはかるのです。教室の中に掲示するコーナーを設けるといいでしょう。

　この取り組みも，多くの教室で行われています。子どもたちにとって，どのような行為が望ましいのか，それはなぜなのかが理解できるようになりま

す。教師にとってもこの取り組みの効果は大きいのです。意識して子どもたちのよさを見つけようとします。美点凝視の「みる目」が鍛えられるのです。最初は，教師が価値語を考えます。その時に，その子の背景や写真の表情等からいろんなことを考えます。その子の内面も「みる」ことになります。

　左の写真は，「5分の1黒板」です。右の写真は，保育所での「価値モデル」の実践です。授業の中でタイミングよく学習規律や学び方を，価値語で指導する先生が増えています。小学校だけではなく，保育所や幼稚園，中学校でも創意工夫がなされながら実践が行われています。

　こうした価値語は，学級や集団の全員が共有する文化です。価値語とは，単に既存の言葉を指すだけでなく，子どもたちとともに創り出していくものでもあります。まさに，「言葉は生き物」だと言えるでしょう。

　北九州という地方都市の公立小学校の教室で生まれた私の実践が，全国ネット菊池道場の広がりとともに，全国の多くの教室で行われるようになってきました。「子どもたちの生活態度が落ち着いてきました」「学級の人間関係がよくなりました」「学習に向かう構えができてきました」「子どもたちの言葉への意識が高まってきました」といったうれしい言葉を耳にすることが増えてきています。「最高の教室」が増えてきているのです。この実践を取り入れているそれぞれの学級独自の価値語も続出しています。

　京都造形芸術大学副学長の本間正人先生が，『価値語100ハンドブック2』（中村堂）で，次のように書かれています。

　「当初は『菊池省三による価値語』だったものが，今や『菊池道場門下生

と子どもたちによる価値語』へと大きく進化してきたのです。今後,『日本社会が毎年,生みだしていく価値語』へと飛躍していくことを期待したいと思います」

　また,
「価値語を学ぶことが,読めば意味が分かるだけの『パッシブ・ボキャブラリー』の獲得に終わるのではなく,会話や作文の中で実際に使える『アクティブ・ボキャブラリー』の習得につながること。さらに,それが,子どもたちの24時間,365日の思考・行動パターンにプラスの影響をもたらす方向へとガイドしていくことが重要なのです」
とも述べていただいています。

　コーチングの第一人者といわれる本間先生のお言葉だけに,格別の喜びを感じます。そして,示していただいたこれからの実践の方向に向けて,決意を新たにしなければと思っています。

　学校のカリキュラムの中で,言葉を豊かにする取り組みは十分とはまだまだ言えない傾向にあると思います。語彙力が豊かになれば,思考力や表現力は飛躍的に伸びていきます。また,状況の変化に感情的に反応するのではなく,きちんと理性的に対応できるようになるとも言われています。

　この価値語指導は,いじめ対策や不登校対策といった対症療法的な取り組みではなく,前向きなアンビシャスな取り組みであり実践です。

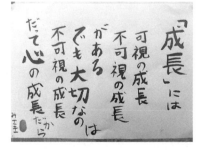

　本書で示しているように,1年間を見通して実践すれば,「最高の教室」が生まれ育つことでしょう。そう私は確信しています。

　教師が子どもたちに価値語を植林し続ける教室,子どもたちがお互いに成長し続けるために価値語を創り続ける教室が,全国に広がることを願っています。

　　　　　　　　　　　　　　　　　　　　　　　菊池　省三

2
365日の
伝えあう価値語

出会いの日に伝えあう価値語

束になって伸びる

〔お互いのよさを認め合い，集団として成長する〕

価値語の概要・ねらい

人にはそれぞれ違うよさがあります。お互いにそのよさを認め合い，それを生かしながら協力すれば，お互いの成長につながります。自分の成長が集団の成長になり，集団の成長が自分のさらなる成長へとつながっていくことを考え合える価値語です。

●価値語を伝えあう場面

学級をスタートさせる初めの日，どんなクラスにしたいのか，子どもたちにどうあって欲しいのか，教師の思いをしっかりと伝えたいと考えています。

今まで自分が1番になることを目標としてきた子にも，自分にはよいところはないなと自信がもてない子にも，この1年間で成長していこう！と教師の思いを伝えます。そのためには，自分の得意なことを自分だけのためではなく，友達のために使うとよいことを次のように話します。

> 先生は，クラスみんなで成長して欲しいと願っています。一人も外れることなく，しっかりと結ばれた稲の束のように，「束になって伸びる」のです。

教師の思いを伝えた後，クラスの一人ひとりが手をつなぎ，円をつくって写真を撮りました。子どもたちが束になること，一人ひとりがつながってクラスをつくるのだというイメージをもたせることがポイントです。横のつながりを意識した，どの学年にも共通して使える価値語です。　　　（赤木　真美）

出会いの日に伝えあう価値語

お話は目で聞く

〔相手をしっかりと見て話を聞く〕

価値語の概要・ねらい

積極的に発言する子どもの多い学級は，よい聞き手が育っています。ところが話している人を目の前にして，おしゃべりが止まらない子もが必ずいるものです。学習規律の基本は，学級初日にしっかりと伝えたいと考えています。「目で聞く」という表現は低学年にもわかりやすく定着しやすい価値語です。

●価値語を伝えあう場面

教師との出会いの日，子どもたちは「この先生どんな人？」「先生は何を話すのだろう」ととても興味をもってくれています。子どもたちの前に立ち，とびっきりの笑顔で次のように伝えました。

今から，みんなに大切なお話をしたいのです。そこで，お願いがあります。○○さんのように，先生の方をしっかり見て聞いて欲しいのです。こちらを向いて聞いてもらえると先生はとてもうれしいのです。「お話は目で聞く」のですよ。

定着するまで繰り返して価値語を意識させるとともに，こちらを見て聞こうとしている子どもに焦点を当て，大きくほめると真似して頑張ろうとする子どもたちが出てきました。また，真剣に聞く姿を写真に撮って掲示するとわかりやすいです。聞くことはコミュニケーションの基本です。教師もまた，子どもの目線に立ち，「お話を目で聞く」ことが大切です。　　（赤木　真美）

出会いの日に伝えあう価値語

最速行動は五つ星

〔行動は素早く，全体に合わせる〕

> **価値語の概要・ねらい**
>
> 集団で行動する時に大切なことは，時間を意識するということです。時間を意識して行動すれば，全体の動きに無駄がなくなります。その分，みんなでできる活動にゆとりがうまれます。行動を素早く，時間を大切にするという感覚を磨くことをねらいとした価値語です。

●価値語を伝えあう場面

始業式の朝，体育館で担任紹介があり，その後にクラスで教室に戻りました。初めての整列，子どもたちは，「気をつけ」の号令に合わせて整列していました。しかし，数名の子どもがマイペースな動きを見せていました。そこで，次のように声をかけました。

> さすがです。ほとんどの人が，素早く整列できていますね。全体で行動する時に，人を待たせる人になってはいけませんね。みんなで時間を大切にしましょう。「最速行動は五つ星」ですよ。

時間に対する感覚は，本当に大切だと感じています。学校は自分一人だけで生活しているわけではないからです。子どもであっても，マイペースに過ごすことは，友達の時間を無駄にしているのだということを理解して，合わせるべき時は全体に合わせることが大切であると初日に意識させることがポイントです。時間を生み出し，その時間を使って，ほめ言葉のシャワーなど，知的で楽しいコミュニケーション活動を仕組んでいきます。　　（赤木　真美）

出会いの日に伝えあう価値語

あいさつは人をつなげる一言

〔親しき中にも礼儀あり。あいさつから1日をスタートさせる〕

価値語の概要・ねらい

新しい教室で，子どもたち同士の関係を深めるためにも，まずはお互いにあいさつをすることを当たり前にしたいものです。

「あいさつをしましょう」と口でいくら言っても広がるものではありません。この価値語を初日に伝え，あいさつができる子どもたちに育むことがねらいです。

●価値語を伝えあう場面

明るく元気なあいさつの響く教室にしていくために，学級初日の帰りの会で子どもたちにミッションを出しました。

> 明日の朝，学校に来たら友達と挨拶をしましょう。さあ，何人の人とあいさつができるでしょう。「あいさつは人をつなげる一言」です。自分から進んであいさつをすることは，積極的に友達をつくる力があるということだね。

始めはミッションだったあいさつも，繰り返すことで当たり前になっていきました。あいさつは，相手に近づき，自分を開くという意味があります。進んであいさつをすることは，自分の積極性を育てることにつながります。あいさつの大切さを話したり，教師が進んであいさつをする姿を見せたりすることで，あいさつのできる前向きな子どもが増えてきました。初日に小さな種を蒔いておくと，その後の成長につながります。　　　　（赤木　真美）

出会いの日に伝えあう価値語

？の畑を耕そう

〔クラスの友達とともに，なぜ？どうして？を大切に学んでいく〕

> **価値語の概要・ねらい**
>
> 学級初日は，限られた時間しかありませんが，授業についても価値語で伝えます。これからどんな学習をしていきたいのか初日に価値語で伝えることで，明日からの授業に生かすことができます。

●価値語を伝えあう場面

学級初日に次のように話しました。

勉強する時に大切なことは，自分の考えをもつことです。隣に座っている友達と考えを伝えあうと，少し考えが広がります。

次に，友達に「どうしてそう考えたの？」と聞いてみてください。理由を知るともっと考えが広がります。「どうしてそうなのかな？」そんな風に考えられる人はどんどん賢くなります。

ここにいる全員が，考え，それを教室で出し合っていけば，賢いクラスになります。

みんなそれぞれにどうして？　なぜ？と思うポイントは違います。
一人ひとりの「？の畑を耕して」いきましょう。

授業の中で，自分の考えを出し合う場面を大切にしていきます。友達の考えを聞いたり，自分の考えを伝えたりする機会を重ねる毎に，子どもたちは一人ひとり生き生きと話せるようになっていきます。　　　（赤木　真美）

出会いの日に伝えあう価値語

バケツの中を虹色に

〔できること，得意なことを一つずつ増やす〕

価値語の概要・ねらい

　子どもたちは，一人ひとりが違った曲線を描きながら成長していきます。そして1年後には，自分のよさをたくさん言えるようになっていて欲しいものです。それは，人と同じでなくてもよいのです。自分のバケツの中をいろいろな色でいっぱいにする，低学年の子どもたちにもわかりやすい価値語です。

●価値語を伝えあう場面

　初日の子どもたちは，1年間へのドキドキした気持ちや期待に満ちたワクワクした気持ちでいっぱいです。そこで，次のように話します。

> 　自分のできることやがんばれることを一つ一つ増やしていきましょうね。自分の「バケツの中を虹色に」するのです。

　一人ひとりのバケツを掲示し，その中に自分の得意なことやよいところを書いていくのも，子どもたちにわかりやすいよい方法です。教師が言葉をかけたり，ほめ言葉のシャワーの中で友達によいところを言ってもらったりすることで自信をもつ子どもが出てきます。近年，「自分のよいところはどこですか」と聞かれた時，答えることができない子どもがとても多くいて驚きます。先生や友達から認められる機会が少ないのだと思います。1年間で，自分のバケツがいっぱいになったら，子どもたちは自信をもって次の学年に向かうことができることでしょう。

（赤木　真美）

出会いの日に伝えあう価値語

10歳の壁を越えよう

〔目に見えないことも想像してみる〕

> 価値語の概要・ねらい
>
> 人間の発達の中で,「具体的思考」から「抽象的思考」へと変わっていくのが,およそ10歳だと言われています。ここを境に,目に見えていない部分を想像する,つまり人の気持ちを考えたり,物事の本質を見ようとしたりする子どもたちが増えてきます。大人に向かっている意識をもたせたい時に伝えたい価値語です。

●価値語を伝えあう場面

全員で静かに成長ノートを書いている時に,教卓の上のたくさんのプリントが落ちてしまいました。「ああ,先生,プリントが落ちとる」大きな声で伝えようとする子どもやそれを聞いて笑う子どももいました。ざわつく教室の中で,黙々と集中している女の子に目が止まり,次のように言いました。

> 目の前のことにすぐ反応するのは少し幼い行動と言えます。○○さんは,今すべきことを考え,黙々とやるべきことをやっています。○○さんは,「10歳の壁を越えて」いるのですね。

例えば「愛」という漢字を見て,何をイメージするのか考えさせました。恋愛と答えた人,赤ちゃんを抱く母親の慈愛に満ちた表情と答えた人,後者はより深く「愛」をとらえています。この考えや行動は「10歳の壁を越えて」いるのだろうかと繰り返し考えることで,教室は落ち着いて学ぶ雰囲気に変化していきました。

(赤木　真美)

出会いの日に伝えあう価値語

長幼の心

〔下級生に優しくする〕

価値語の概要・ねらい

自分よりも年下をかわいがり，年上の人には尊敬の念をもつ。日本人が大切にしてきた価値観です。子どもにも価値語で伝え，学年を超えたかかわりを大切にしていきたいものです。1年生のお世話活動をはじめ，校内で下級生とのかかわりが多くなる高学年の児童に，優しい心を育むことがねらいです。

●価値語を伝えあう場面

学級初日に高学年の子どもが中心となり，入学式の準備を行いました。1年生が座る椅子を最後までていねいに拭いている子どもの姿を見て，数名の子どもたちが一緒にやり始めました。

> 最後までていねいに拭いてくれてありがとう。会場がこんなにきれいだと1年生もきっと嬉しい気持ちになりますね。こうやって下級生のために働ける高学年は素晴らしいですね。「長幼の心」をもっていますね。

子どもたちの様子をよく見ていると，下の学年が上の学年を呼び捨てにする場面や，自分たちのことばかり考えて行動している高学年の姿が見られます。学校という小さな社会でこそ，大切な価値観を教えていきたいものです。高学年の子どもたちに「長幼の心」を教えると，下級生とのかかわりがあたたかいものに変わっていきます。そして，優しくするだけではなく，いけないことはいけないと教えるようになり，大きく成長します。　（赤木　真美）

出会いの日に伝えあう価値語

範を示す

〔行動で周りに手本を示す〕

価値語の概要・ねらい

　高学年は，全校のリーダーとしての役割が強くなります。高学年が率先してあるべき姿を見せることで，下級生もその姿を真似するようになります。日頃から教師が押し付けるのではなく，自分たちであるべき姿を考えられる力と自信をもたせたいものです。「範を示す」という価値語によって，リーダーとしての自覚を促すことがねらいです。

●価値語を伝えあう場面

「範を示す」この言葉を学級の黒板に貼って，1年のスタートを迎えました。子どもたちにとっては難しい言葉ですが，ゴールの姿として目指すべきだと考えました。まずは，担任の思いを伝えました。

> 　今日から，皆さんは高学年です。言葉で下級生を引っ張っていくことも大切ですが，その人の行動を周りはよく見ているものです。下級生に真似したいと思ってもらえる学年になりたいですね。「範を示す」ことで学校全体を引っ張っていきましょう。

　子どもたちの行動はすぐに変わるものではありません。カメラを持ちながら，具体的な場面を切り取ろうと，子どもたちの成長を待ちました。運動会の練習に前向きに取り組む姿や，進んで挨拶をする姿を写真に収め，クラスに掲示していきました。そうすることで，少しずつリーダーとしての自覚が芽生え，行動に移せる子どもが増えていきました。　　　　　（赤木　真美）

出会いの日に伝えあう価値語

キラキラ姿勢

〔言葉に出さずとも，やる気や熱意を伝える〕

価値語の概要・ねらい

教室の子どもたち全員が，自分の気持ちをうまく言葉で表現できるわけではありません。しかし，誰もができることがあります。それは，姿勢で伝えることです。やる気や熱意を伝えることの大切さを伝える価値語です。

●価値語を伝えあう場面

学級開きの時，新しい教室で新しい席に座る子どもたち。期待に胸を膨らませている子どもや，少し緊張気味な子どもなど，クラスの子どもたちのそれぞれの顔を一人ずつ見てから，

> みなさんのまっすぐ伸びた背筋からは，この１年間頑張ろうという気持ちがキラキラ光って伝わってきます。この「キラキラ姿勢」，さすが２年生です。

と，話しました。

始業式での立ち方や座り方，また，その後の学級開きでの子どもたちの姿勢の様子は，教師が初日に意識して見るポイントの一つです。この価値語を初日に伝えることで，１年間のこのクラスの土台を示し，相手を意識した姿勢の大切さを伝えることができます。

（堀井　麻美）

新学期始めに伝えあう価値語

小さい「ツ」

〔誰が聞いてもやる気がみなぎるキレのいい返事をする〕

価値語の概要・ねらい

　元気のない教室の条件の一つに，私は「子どもたちの返事が暗い」ことを挙げます。何でもかんでも返事をすればいいというものではありませんが，人の話に力強く反応できるということは，人の意見をきちんと聞き取り，相手を尊重する力があるといえます。キレのいい返事のよさは，なるべく早い段階でその意味とともに子どもたちに伝えていきます。

●価値語を伝えあう場面

　新しくもった学級は，私が話をしていると私語こそないものの，下を向いていたり爪の中のゴミを一生懸命とっていたりするような子もちらほら見られました。そんな状況で，返ってくる返事は気が抜けそうなほど元気のないものでした。そこで，黒板に「ハイ○」と書いて，子どもたちに問いました。

> 　この○の中に入るカタカナを知っていますか？（何人かが面白がって答える）。そうです，小さい「ツ」です。これが入るだけで，何だか元気な感じになりますね。この小さい「ツ」を入れて返事できる人，いますか？　やってみよう！

　実際にやると，子どもたちも思わず笑顔になります。あまり変化がない教室もあるかもしれませんが，少しでも意識をして頑張っている子を認めることが大切です。そして，価値語を示しただけで簡単には変わらないことを心に刻み，何度もほめ続けることで，返事が変わっていきます。　　（梅田　駿）

新学期始めに伝えあう価値語

迫力姿勢

〔一目で見てわかるほど、やる気がみなぎる〕

価値語の概要・ねらい

やる気のみなぎる姿勢のことです。他を圧倒するかのような姿勢には、その場に真剣に臨む態度が表れています。その子どもの内面はそのまま態度に表れます。そのような子どもの姿を、他の子どもが見習い、相手を意識して集中する態度を身につけることがねらいです。

●価値語を伝えあう場面

新学期が始まり、新しい気持ちで子どもが授業に向かう姿勢は真剣そのもの。しかし、中には集中が続かず、授業が手につかなくなってしまう子どもが、少しずつ見られます。そのような中でも真剣に授業に向かうAさんの姿がありました。

> Aさんのやる気に満ちた姿を見てください。「迫力姿勢」で授業に向かっています。

授業に集中できない子どもを励ますだけではなく、授業に向かっている子どもの姿を価値付けました。集中が切れかけていた子どもたちにも、少しだけ頑張る気持ちが出てきたようです。

子どもの「迫力姿勢」の先には私たち教師がいます。私たちは子どもたちが「迫力姿勢」で学べる環境を整えるとともに、教師自身の授業に対する「迫力姿勢」を子どもに見せ続けることが大切です。

(久保　雄聖)

新学期始めに伝えあう価値語

責任を果たす人

〔自分の役割を自覚して，行動に移すことができる〕

価値語の概要・ねらい

新学期には，学級や行事の中での役割が与えられます。みんなが安心して生活できる学級づくりや行事の成功のためには，一人ひとりが自分の役割に責任をもって当たることが大切です。

新しい役割に対して，責任を果たす子どもの姿を価値付け，一人ひとりが責任を果たす集団をつくることがねらいです。

●価値語を伝えあう場面

新学期，学級では新たな係や行事での役割が決められました。数学の授業が終わり，数学係のAさんが授業の反省を聞きに来るとともに，黒板消しをしてくれています。

> ありがとうございます。Aさんは「責任を果たす人」ですね。明日の数学の時間も，よろしくお願いします。

責任を果たしたAさんは嬉しそうです。

小さな役割をきちんと果たすことの積み重ねが，周りから信頼されることにつながります。近くにいる子どもにも聞こえるように価値付け，Aさんが「責任を果たす人」であることを印象付けます。また，クラスのために働くことの大切さも子どもたちに伝えて行きたいものです。子どもの小さな「責任を果たす」姿を見逃さない教師の目が必要です。

（久保　雄聖）

新学期始めに伝えあう価値語

ほめ言葉発見力

〔友達のほめ言葉を見つける力を磨く〕

価値語の概要・ねらい

　ほめ言葉のシャワーなどを行っていると，必要になる力です。今日の主役に一番ふさわしいほめ言葉はどんな言葉なのか，ほめ言葉のシャワーのレベルアップには必要な価値語です。ほめ言葉発見力をつけるために，どのようなことが必要か，考えることがねらいです。

●価値語を伝えあう場面

　2学期，3学期になるにつれて，ほめ言葉のシャワーはレベルアップしているでしょうか。毎回，手垢のついた同じ言葉を使う子どもも数名います。ほめ言葉のシャワーをレベルアップさせたい時には，

> 「ほめ言葉発見力」を高めるためには，どんな工夫をすればいいでしょうか。

と言って，みんなで考えましょう。ほめ言葉を発見した時のエピソードを話してもらったり，どんな場面で発見することが多いか話し合ったりすることで，ほめ言葉発見力は高まります。次にどんな言葉で伝えるか考えます。価値語や四字熟語，ことわざなどを使ってほめ言葉を伝えるとよいことも確認するとよいです。「事実＋意見」で行動のよさを付け加えて話す子どもが増えると，ほめ言葉のシャワーのレベルは上がります。「ほめ言葉発見力」によってほめ言葉を伝えることができた子どもには，「身につけた『ほめ言葉発見力』を使うことができましたね」と，ほめましょう。　　（久保　慶恵）

新学期始めに伝えあう価値語

生長ではなく成長する力

〔目標をもって頑張ろうとする〕

価値語の概要・ねらい

新学期に「○学期の目標」を決めると思います。掲げるだけの目標ではなく，成長に向かって努力することで達成したいものです。目標を立てる時，立てた後に大切にしたい価値語です。

●価値語を伝えあう場面

新たな学期の始めには「○学期の目標」を立てます。勉強を頑張る，運動を頑張るなどは，子どもたちにとって思いつきやすい目標です。しかし，このような目標では達成のための行動は曖昧になりがちです。その時に，

> 「せいちょう」という言葉は二つあります。植物のように特に何もしなくても体が大きくなる「生長」と人間のように努力して体も心も大きくなる「成長」です。せっかく目標を立てるのですから，「生長ではなく成長する力」をつけたいですね。

実際に辞書を引いて確かめる子どももいるかもしれません。同じ言葉でも，意味が違うことに気づかせます。ポイントは，一生懸命その子なりに成長をしようと努力しているかどうかです。○学期の目標は，子どもが自分で決めるものです。目標を達成するために，どのような努力を行っていくのかも考えさせます。成長ノートで定期的に振り返りをすることで成長に向かえているか考えさせることもよい方法かもしれません。努力ができているか，自分でも他人からもわかるように目標を掲示してもよいですね。　　（久保　慶恵）

新学期始めに伝えあう価値語

非日常は成長の大チャンス
〔非日常での成長は，日常での成長の何倍にもなる〕

> **価値語の概要・ねらい**
>
> 行事は非日常の取り組みです。発表一つとっても，教室での発表よりも相手が多く，より大きなはっきりとした声を出さなければ相手に伝わりません。求められる力が大きい分，行事を通しての成長は日常での成長よりも大きいものになります。特に行事前に伝えたい価値語です。

●価値語を伝えあう場面

新学期始め，どんな行事があるかを確認していきます。新学期の目標に運動会など，行事について書いている子どももいます。

行事は，いつもとは違う非日常です。一つの行事に向かって頑張ることは，普段の日常で頑張ることよりも何倍も成長します。「非日常は成長の大チャンス」なのです。

そう言って，非日常と日常ではどのようなことが異なっているのか全員で確認します。見ている人の人数，場所の広さ，緊張の度合いなど，普段よりも困難な状況であることを確認し，だからこそ成長できることに気づかせます。「だったら行事のその日だけ頑張ればいい」などという子どもがいた時はチャンスです。「普段努力していない人が，非日常でいきなり力を出せるでしょうか。日常での努力があるからこそ，非日常でも力を発揮できるのです」と伝えます。最大限の努力をしたからこその達成感を味わった時，子どもたちはこの価値語の本当の意味に気づくことでしょう。　　　（久保　慶恵）

新学期始めに伝えあう価値語

公の時間

〔時間の大切さを知り，公での時間を意識する〕

価値語の概要・ねらい

学校では決められた時間通りに生活します。集団での時間を大切にすることこそ，公の時間を大切にすることにつながります。時間は自分だけのものではないことを理解することが大切です。2学期は校外行事が多いため，特に公の時間を意識した行動が必要です。

●価値語を伝えあう場面

クラスでの話し合いの時間のことです。班での相談の時に，盛んに話し合っている子どもたちを見つけました。しかし，決められた時間が来たら，切り替えをきちんとして教師の方を全員が見ています。

> ○班のみんなは，決められた時間で話し合いが終わるよう，みんなで意見を出し合って話し合っています。切り替えの姿勢もよいですね。「公の時間」を大切にできる人たちですね。

と言って，しっかりほめます。時間を守ることが大切なことは，どの子どももわかっています。このように，具体的な場面でしっかりと声をかけると全体に時間を守ろうという意識が定着してきます。

例えば校外学習で公の時間を大切にするためには，普段から公の時間を大切にすることが必要です。講師の話をよく聞いたり，質問やインタビューをしたりすることが公の時間を大切にすることになります。見通しをもって校外学習の準備をするためにも，伝えあいたい価値語です。　　（久保　慶恵）

新学期始めに伝えあう価値語

直立力

〔よい姿勢で立ち，新学期に頑張ろうとするやる気を見せる〕

価値語の概要・ねらい

新学期は，頭も身体も学校のリズムに慣れていない子どもが多くいます。新しい気持ちで頑張ろうという気持ちをもたせて新学期をスタートさせたいです。そのためにはまず立つ姿勢から。やる気が伝わる姿勢とは何かを考えさせ，頭も身体もシャキッとさせるための価値語です。

●価値語を伝えあう場面

新学期が始まり，これから始業式。体育館へ向かう前，並んで立っている子どもたちの姿勢を見てみます。ぽーっと立っている子どももいるかもしれませんが，よい姿勢の子どもに，

> 新学期も頑張ろうとするやる気が表れています。「直立力」があります。

と言って，しっかりほめます。そして，直立力はどのような姿勢であるかを学級のみんなで確かめます。立ち上がる速さ，ピンと伸びた背筋，揃ったかかと，そして前を見据える目。直立するよう，体に力を込めると姿勢も気持ちもシャキッとします。新学期も頑張ろうとするやる気が伝わる姿勢となるよう，声をかけて始業式に臨みます。始業式が終わった後，直立力が出来ていた子どもたちをほめます。確認した全てができていなくても，やる気が伝わる姿勢かどうかがポイントです。始業式以降も，「直立力がありますね」と機会あるごとに声をかけていきます。

（久保　慶恵）

新学期始めに伝えあう価値語

公の文字力

〔人が読むことを意識して書く〕

価値語の概要・ねらい

　この価値語は，学校内だけでなく学校外の人にも読んでもらうことをふまえて，公の場で人に見せる文字を書く力をつけていくことをねらいとしています。

●価値語を伝えあう場面

　学校は公の場です。先生や友達に読んでもらう気持ちで，人が読むことを意識して文字を書くことは大切です。そして２学期，３学期は作品の展示や，社会見学のお礼の手紙，書初めなど，学校外の人にも見せる文字を書く機会が多くあります。そのような時に，いつもよりも丁寧に書いている子どもを見つけて伝えます。

> 　多くの人に見てもらう字を丁寧に書ける人は，「公の文字力」がしっかりとついていますね。

　読んでくださる人のことを考えて，誰が読んでも読みやすい字を書くことの価値を伝えます。ポイントは，人に読んでもらうことを意識して，大きな文字，とめ・はね・はらいに気をつけている文字を書くことです。これをきっかけに，普段先生や友達に見せる文字も「公の文字力」を発揮できる子どもが現れた時，大きく価値付け，やる気につなげていきます。

（久保　慶恵）

新学期始めに伝えあう価値語

遠回りした人にしか見えない景色

〔自分なりの過程を踏まえて目標を目指すことの価値を伝える〕

価値語の概要・ねらい

　勉強，学校行事，部活動等，学校での様々な活動の中で，子どもは一人ひとり違った道のりを歩んでいきます。当然，目標をもてなかったり，目標を達成できなかったりすることもあります。前向きに自分が歩んだ道のりを振り返らせ，反省するだけではなく，「遠回り」を通して自分の成長を感じるための価値語です。

●価値語を伝えあう場面

　中学3年生のA君は，「1年生に戻りたい」とぼやいています。話を聞いてみると，競技が上手くなるコツをつかんだのが最近だったらしく，もっと早くコツをつかんでいれば，と悔やんでいます。そこで，コツをつかむまでの努力を称え，次のように問いかけました。

> 「遠回りした人にしか見えない景色」を見た，今の自分を誇りに思いますか？

　A君は，はっきり答えませんでしたが，何となく伝わってくる笑顔がありました。子どもが目標をもつことは，大変難しいことだと思います。それでも，一つのことに長期に渡って取り組むことは，その期間の中での葛藤や反省，改善を通して子どもが大きく成長するチャンスです。長期の取り組みが終わった後の振り返りまでを経験させ，子どもが「遠回り」に成長のチャンスが溢れていることに気づくことがねらいです。　　　　　　　　　（久保　雄聖）

【1学期に伝えあう価値語【学級生活にかかわる場面】】

手を引っ張る

〔プラスの方向に導いてくれる人がいることを知る〕

価値語の概要・ねらい

　教室の中には，率先して誰かの役に立とうとしたり，積極的に集団を引っ張ろうと頑張ったりする子どもがいます。また，困っている人を助けたり，さりげない気遣いをしたりする子もいます。1学期は，そういったプラスの行動をする子どもが，学級の手を引っ張ってプラスの方向に導いてくれていることをしっかりと価値付けていきます。

●価値語を伝えあう場面

　ある図工の時間，教室の中が紙の切れ端で散らかってしまいました。大まかな片付けを全員でして，帰りの会を済ませ，後は私がやろうと思っていました。しかし，帰りの会の後，時間に余裕のある数名の子どもたちが，残った切れ端を集めてくれました。その子たちを集めてこんな話をしました。

> 　僕ね，「足を引っ張る」って言葉はあまり好きじゃないし，使わないんだけど，その逆の「手を引っ張る」って言葉が好きなんだ。今のみんなにぴったりだね。

　初めはぽかんとしていた子たちでしたが，意味を説明すると，納得して笑顔を見せました。次の日，学級全体に向けてこの行動と価値語について話しました。「足を引っ張る」だとマイナスの言葉が生まれますが，「手を引っ張る」というプラスの方向に導いてくれる人を認める視点を教師が1学期からもっておけば，明るい雰囲気が生まれるはずです。　　　　　　（梅田　駿）

【1学期に伝えあう価値語【学級生活にかかわる場面】】

深堀り力

〔何事も深く考えることを身につける〕

価値語の概要・ねらい

　思いつきや，その場の雰囲気だけで話をするのではなく，なぜ？どうして？どうすれば？と自分の考えを深く掘り下げて考えていけるようになることをねらいとしています。

●価値語を伝えあう場面

　学年の初めから伝えたい価値語です。学級会活動や授業中において，その場の雰囲気に流されず，友達の意見に耳を傾け，自分の思いをきちんと伝えられている様子を見た時，次のように言ってほめます。

> 　きちんと友達の意見を聞いて，それに対していくつもの考えを提案できていて，「深堀り力」がついてきたね。

　討論するということは，議題に対して自分なりの考えがないと討論になりません。中には，自分なりの考えをもっていても強い意見に負けてしまい，自分の思いを伝えられないで終わってしまう子どももいます。そのような時，様々な意見が出て話し合いが活発に行われているグループ（個人）に対して，他のグループに聞こえるように「今の話し合いは，『深堀り力』がついてきた証拠だね」と価値語を使ってほめます。また，話し合いが深まっていないところには，教師からヒントを出し話し合いが活発になるようにすることも必要になってきます。このことを繰り返していくうちにしだいに深く考えられるようになり，話し合いが深まっていきます。

（大塚　秀彦）

1学期に伝えあう価値語【学級生活にかかわる場面】

生み出し力

〔無いところから新たに何かをつくり出す〕

価値語の概要・ねらい

新学期が始まり、学級目標やルール、係活動、行事など考える時、今まで経験してきたことの中からしか発表しないことがあります。同じことを考えもなく続けることは児童にとって何の成長も望めません。

●価値語を伝えあう場面

4月初め、学級会でクラス目標や係活動を何にするか話し合っている時、ほとんどの子どもが、前年度までやってきたことの中からしか発表しません。新しくやってみたいことがあっても発言力に自信のない子どもは発表することができません。しかし、ポロリと本音をつぶやく子どもがいます。そのような発言を耳にした時、すかさず次のように言います。

> 今のA君のつぶやきは素晴らしいですね、今までにない考えです。「生み出し力」がありますね。

考えがあっても発表するのが苦手な子どもは、あまり自ら発表することはありません。しかし、思わずつぶやいてしまうことがあります。教師は、子どもを細やかに観察し、どんなつぶやきも聞き逃さず取り上げていくことにより、その子どもは、小さなつぶやきでも取り上げてもらえたという喜びとみんなと違った考えでもいいのだという思いをもつようになり、しだいに自信をもって発表できるようになっていきます。

(大塚　秀彦)

【1学期に伝えあう価値語【学級生活にかかわる場面】】

行動の敬語

〔相手を大切に思う気持ちを行動に表す〕

価値語の概要・ねらい

相手を大切にし，敬う気持ちを行動でも表すことを考える価値語です。言葉が変わると行動が変わります。行動が変わると人が変わります。学級集団が変わります。お互いを思いやり，尊敬し合う言葉と行動があふれるようになれば，成長し合うことができます。

●価値語を伝えあう場面

学級をスタートさせたばかりの緊張感漂う時期，みんなの前で誰かへの思いやりを表す言葉を発するのは，なかなか難しいことかもしれません。しかし，よく観察すればちょっとした思いやりを行動に表している子は見つかります。教師がほんの小さなことでも見逃さず，取り上げて学級内によいこととして紹介すれば，学級全体に相手への思いやりを行動にすることが広がっていきます。今までなかなか自分から声に出して言えなかった子も，自分の行動を先生が取り上げてくれれば自信につながります。

> ○○君は今，△△さんと同時に教室に入りそうになって「お先にどうぞ」を目と手で合図していましたね。言葉でなく，こうやって相手への思いやりを行動で表すのを「行動の敬語」と言います。どんどん増やして，思いやりのある学級にしていきたいですね。

子どもたち自身に「行動の敬語」を発見させ，伝えあう取り組みをしていくとさらに学級全体の価値語として広がっていくはずです。　　（河内　伯子）

1学期に伝えあう価値語【学級生活にかかわる場面】

100m越しのあいさつ

〔たとえ相手と100m離れていても，あいさつする気持ちを大切にする〕

価値語の概要・ねらい

あいさつは，相手を敬う気持ちから出るものです。たとえ相手との距離が100m離れていたとしても，あいさつする気持ちがあれば相手にも届き，相手の心も開くはずです。あいさつの文化を育てる価値語です。

●価値語を伝えあう場面

1学期，子どもたちが少しずつ学級に慣れてきた頃に，あいさつについて価値付けをするとよいでしょう。

> 昨日，私は○○中学校に出張に行って，会議を終えて帰る時にすごく感心したことがあるのです。校舎から駐車場に行く時に，遠く離れたグラウンドにいた野球部の生徒たちが，練習中なのに全員帽子を取って大きな声で「失礼します。さようなら」とあいさつしてくれたのです。他校の先生である私にです。私は感激して，「野球部の皆さん，あいさつが素晴らしいですね。感動しました」と伝えました。
> 「100m越しのあいさつ」でも，本当にあいさつしようという気持ちがあれば，相手に伝わるものなのです。

大きな声であいさつ，足を止めて相手を見てのあいさつ，笑顔であいさつ，ハイタッチであいさつ……。あいさつにもそれぞれの学校や学級，部活の文化があります。3学期にはあいさつの文化が完成できる学級になっていると素晴らしいですね。

（河内　伯子）

1学期に伝えあう価値語【学級生活にかかわる場面】

必死の30秒

〔一瞬一瞬をいかに大切にするか考える〕

価値語の概要・ねらい

30秒という短い時間。必死で頭をひねらせ取り組む場合と，ただぼんやり過ごす場合とでは，その価値が異なってきます。一瞬一瞬をいかに過ごすか。時間を大切にすることは命を大切にすることです。

●価値語を伝えあう場面

授業の中で，時間を区切って学習活動に取り組む場面は多くあります。時間が迫ってきた時「もう時間がないから」とあきらめてしまう子どもと，ぎりぎりまで考える子どもがいます。最初から考えず答えを提示されるのを待つ子どももいます。そんな時に，次のように声をかけました。

> あと○分という時間はここにいる全員平等に与えられた時間です。その中で○○君はあと残り30秒という時，別のアイデアを思いついてノートに必死で書いていました。あと30秒をどう過ごすかが，積もり積もって実は大きな違いになってくるのです。「必死の30秒」で最後まであきらめず，全力を尽くす姿勢が次の成長につながります。

1分，1秒を大切にする姿勢は，本当に大切です。授業だけでなく，掃除でも，話し合いでも，行事でも最後まで最善を尽くす姿勢を養っていれば，充実した学校生活が送れ，ひいてはその子の生き方にもプラスになっていくのではないでしょうか。また，学級全体が最後まで必死に学ぶ集団になれば，深い学びへと深化していくことでしょう。

（河内　伯子）

1学期に伝えあう価値語【学級生活にかかわる場面】

「いつの間にか」が嬉しい

〔よいことは黙って，こっそりする〕

価値語の概要・ねらい

「○○をやります」「僕（私）がやりました」とアピールする子どもは目立ちます。しかし，誰も気づかないうちにそっと学級のために行動できる子もいます。ほめられることを期待せず，行動できる尊さを学級で価値付けたいものです。

●価値語を伝えあう場面

学校生活では誰かがみんなのために行動しないと成り立たない場面が多くあります。何も言わず本棚の整理をする，落ちていたゴミを拾ってゴミ箱に入れる，汚れていた配膳台をさっと拭く…このような行動を当たり前のようにできる子どもの姿を見逃さない目を担任がもつことが大切です。

> さきほどの昼休憩の間に○○君は，配膳台におかずがこぼれていたのに気づいて，さっと立ち上がり，ティッシュで取ってゴミ箱に入れました。彼がこぼしたわけでもなく，配膳当番でもないのですが，気づいてすぐに当たり前のように行動しました。「いつの間にか」が当たり前にできる人は周りをよく見て行動できる人ですね。

進んで手を上げる積極性ももちろん大切なことです。同時に，誰かが見ていなくても，学級のために何かよいことをしようとする無償の心は気高いものです。このような行動を認め，価値付けることが学級に安心感を与え，自分らしさを発揮できる環境をつくっていきます。

（河内　伯子）

【1学期に伝えあう価値語【学級生活にかかわる場面】】

ひざを汚す

〔徹底的に向き合う美しい姿勢を考える〕

価値語の概要・ねらい

ひざをついて雑巾がけをすると、ひざは汚れますが、しっかり手に力が入り、床はぴかぴかになります。子どものひざの汚れから、一心不乱に掃除に取り組んだ姿を見ることができます。

●価値語を伝えあう場面

掃除にいい加減に取り組む子どもは目立ちます。担任はついまじめに掃除しない子どもが目について注意しがちです。それよりも掃除にしっかり向き合う子どもの様子を紹介したり、実際に見学させたりする方が効果的ではないでしょうか。掃除にしっかり向き合う子どもは、無言で一所懸命に掃除します。汚れに敏感で汚いところを見つけては、なんとかして掃除時間内にその汚れをきれいにしようと取り組みます。

○○君のズボンのひざの部分を見てください。しっかり手に力を入れて床を拭いていたので、ひざも床につけてこんなに白くなっています。これだけの力を込めて拭いた床はぴかぴかになっています。掃除時間いっぱい、力いっぱい掃除に取り組んで心も美しくすがすがしくなりましたね。

雑巾が黒くなる、ひざが白くなる、汚れが落ちる、たくさんゴミを集めるなど、具体的に掃除をすることで何が変わったのかを実感させる教師側の視点で、子どもの掃除への意識も変わっていきます。　　　　　（河内　伯子）

1学期に伝えあう価値語【学級生活にかかわる場面】

一秒静止

〔あいさつで礼を尽くす〕

価値語の概要・ねらい

　授業の開始，終了の「お願いします」「ありがとうございました」。あいさつをした直後にすぐに動き出さず，相手の目を見て一秒静止。一度止まることで子どもたちは，その時間に区切りをつけます。あいさつや礼をし終わらないうちに手で何かを持ったり，立ち上がったりする習慣がつくと，メリハリがつきません。

●価値語を伝えあう場面

　学級に慣れてきて，授業のやり方もある程度つかめ緊張感がなくなりかける頃に意識するとよい価値語です。授業はあいさつで始まり，あいさつで終わります。そのあいさつをきちんと一度静止することで，メリハリ・けじめにつながるということになります。

> 　○○さんは，「お願いします」とあいさつした後，「一秒静止」，いったん動きを止めて先生と目を合わせましたね。この授業を頑張りますという気迫を感じました。授業は真剣勝負です。この「一秒静止」もやる気の姿勢につながりますね。

　「一秒静止」は授業のあいさつだけでなく，発表など学校生活の様々な場面でも応用できると思います。立ち上がりながら発言をしたり，逆に座りながら発表したりという「ながら」発表を防ぐ効果もあります。

（河内　伯子）

1学期に伝えあう価値語【学級生活にかかわる場面】
たいの力
〔〜したい，〜になりたいが自分を動かす〕

価値語の概要・ねらい

「やりたい！」「仲良くなりたい！」子どもの中から出てきたこの思い。教師にどんな力があっても，自分の「〜たい」の気持ちの強さには勝てません。自分を動かすのは，自分を成長させようとする自分自身の気持ちなのだと，子どもたちに気づかせることがねらいの価値語です。

●価値語を伝えあう場面

1学期も1〜2ヶ月経つと，だんだん学級の雰囲気ができ始め，学級内での力関係が明確になり始めます。特に小規模校であれば，固定化した人間関係の中で，教室の雰囲気は，停滞ムードに陥ることもあるかもしれません。しかし担任としては，自分の学級は常に前向きであって欲しいし，成長して欲しいと考えます。そのような中で，学校行事や授業で「〜したい」「〜できるようになりたい」と前向きな子どもがいたら，チャンスです。

> ○年生になって1ヶ月。みんなのノートには「勉強をもっと頑張りたい」「下級生に優しくしてあげたい」「サッカーがうまくなりたい」という「〜たい」の言葉がたくさん書いてあります。「〜たい」というのは今よりももっと成長する，向上するという決意の言葉です。先生の力よりも，この「〜たい」の力が大事なのです。

個人の「〜たい」も成長には欠かせない原動力になりますが，「学級を〜にしたい」という思いが集まれば大きな力になります。　　　（河内　伯子）

1学期に伝えあう価値語【授業にかかわる場面】

納得解を楽しむ

〔答えのない問いに対しても考え続ける〕

価値語の概要・ねらい

将来の変化を予測することが困難な時代を前にした時，自ら問いを立て，その解決に向けて考え続けていく力が求められています。出来合いの答えはありません。そのような状況で力強く生きていくためには，答えのない問いに対して考え続ける力が必要となります。

●価値語を伝えあう場面

「縄文時代と弥生時代，どっちが幸せか」これは，菊池氏をはじめ，社会科の授業で納得解を考える時に出される代表的な問いです。この問いに絶対的な答え（絶対解）はありません。教科書等の資料を根拠にして自分の考えを伝えあい，全員がより納得できる答えを考える活動です。

> 「縄文時代と弥生時代，どっちが幸せか」，資料を調べて自分の考えを伝えましょう。相手の意見に反論することで，自分たちの意見を成長させましょう。

かみ合った話し合いを体験させ，楽しさを実感させることで，子どもは生き生きと自分たちの主張を伝えあうようになります。納得解を導き出す活動を繰り返し行い，適切な価値付けを行うことで，主張に対する根拠とその理由，そして主張のかみ合い方の質が高まり，白熱した話し合いになります。納得解を楽しめるようになった子どもは，自ら問いを立て，その答えを自分なりに考える等，主体性のある人間に育っていきます。　　（佐々木　敬人）

1学期に伝えあう価値語【授業にかかわる場面】
切り替えスピード
〔メリハリのある行動をする〕

価値語の概要・ねらい

切り替えスピードが早い人は、相手の話を聞いたり、考えたりしたこと等をすぐに行動に移せる人です。また、時間や他者を大切にできる人です。つまり、周りの状況から、今何をすべきかを理解でき、全力で取り組めるということです。そのような姿を価値付けします。

●価値語を伝えあう場面

1学期初めは、動きが硬く、時には重たい空気の中での活動になることもあります。そこで、教師主導の強いこの段階では、聞く、話す、読む、書く等、様々な活動を意図的に取り入れ、切り替えが必要な状況を作ります。そのような活動の中で、切り替えの早い子どもに対してこの価値語を伝えます。

> 「切り替えスピード」が早いです。全力で勉強に取り組もうとする気持ちが伝わります。きっと、自分だけでなく、友達のことや時間も大切にできる人なのでしょうね。

立ったり、座ったりさせる等、身体を動かすことは、気持ちをほぐすのに効果が大きいようです。このような活動の後、切り替えが早くなった子どもを間髪入れずに価値付けていくことがポイントです。特に、気になる子どもについては意図的に価値付けを行い、認めることで意欲的に活動に巻き込みたいです。また、個の変容に着目した見方もできると、認める場面が増え、子どもたちの意欲が高まります。

(佐々木　敬人)

1学期に伝えあう価値語【授業にかかわる場面】

口火を切る

〔待つのではなく，自分から動ける主体性を育む〕

価値語の概要・ねらい

周りをうかがい，友達が動いた後に同じように動こうとする消極的な姿勢に強い学びは生まれません。誰も言わないからこそ伝えようとする姿勢や，周りの様子に関係なく，主体的にアクションを起こそうとする姿が育ってこその主体的・対話的で深い学びです。そのような姿を後押しするのが，この価値語です。

●価値語を伝えあう場面

知らない人ばかりの研修会などで，消極的になることは大人でもあります。でも，子どもたちは少なくとも1年間は同じ教室で学び合う仲間です。だからこそ，遠慮せず，積極的にアクションを起こせる姿であってほしいです。

> 周りに合わせるのも大切だけど，時には邪魔になることもあります。思ったことをすぐに行動できる姿は，周りに流されないかっこいい姿です。そのような人は，いろいろなことをどんどん吸収し，周りの人の役に立てる人にもなれますね。

自尊感情が高まる活動を意図的に繰り返し，安心感が学級に根付くことで，子どもたちの動きに変化が起き，身体が軽やかになります。また，「口火を切りなさい」と子どもを管理するのではなく，口火を切った経験が周りの友達の役に立てる等，実感を伴うからこそ「口火を切りたい」と自ら思って行動できるようになります。

（佐々木　敬人）

1学期に伝えあう価値語【授業にかかわる場面】

き・く・こ・よ・ね

〔質問する力は，相手を大切にできる力になる〕

価値語の概要・ねらい

対話が成立するためには，相手を知ることの楽しさがわかることが土台となります。安心感のある環境が生まれると，子どもたちはすくすくと育ちます。年度始め，関係性の浅い段階で，この土台をしっかりしたものにすることがこの価値語のねらいです。

●価値語を伝えあう場面

年度始め，「春休みに一番楽しかったことを伝えあいましょう」というような活動を仕組んだ時のことです。

> 相手を大切にできる人は，相手が言ったことに対して何ができる人でしょう。大切なものの一つに，質問する力があります。これから一緒に勉強していく仲間のことをたくさん知るために，「き＝きっかけ」，「く＝苦労したこと」，「こ＝困ったこと」，「よ＝喜んだこと」，「ね＝（今後の）願い」を使って，たくさん友達のことを知りましょう。

質問が上手な人は，すき間時間をつくることなく相手とやりとりができるということも，子どもたちの姿を見ながら，適切なタイミングで価値付けます。また，やりとりの中に，しっかりと相手の目を見たり，身振り手振りを使ったりしていたら，それらも間髪入れずにほめます。そのような，コミュニケーションを行う際の好ましい態度を積極的に認めながら，相手を知ることの大切さを育みたいものです。

（佐々木　敬人）

1学期に伝えあう価値語【授業にかかわる場面】

三つあります

〔三つひねり出すことで,自分らしさを発揮する〕

価値語の概要・ねらい

感想を書いたり伝えたりする場面で,あえて「三つあります」と宣言することで自分を追い込み,考えさせます。三つ考えるとなると,いろいろな視点から物事をとらえる必要があり,自分らしさを発揮することにつながります。

●価値語を伝えあう場面

書くことに慣れていない子どもは,書けなかったり,書けても語彙が乏しい傾向があります。また,周りの友達が言った言葉と同じ言葉を使って,その場をやりくりしようとする姿も見られることがあります。そのような言葉の力では,言葉のキャッチボールがなかなか成立しません。そこで,自分らしさのある言葉でのやりとりを促す際に,この価値語を伝えます。

> 今から感想を書きます。その時に,「三つあります」と書き始めましょう。三つ考えられるということは,いろいろな見方ができる人です。いろいろな見方ができる人は考えるクセがつき,新しいアイデアを生み出す力も高くなります。

毎日書かせる等,繰り返し考えさせることで抵抗が少なくなり,質が高まってきます。時にはお手本を紹介することで,よいイメージを共有することができます。具体的に何がよいのかという視点をもち,小さな変化を繰り返し価値付けることで,意欲的に取り組みます。

(佐々木　敬人)

1学期に伝えあう価値語【授業にかかわる場面】

書くと発表はセット

〔対話の土台をしっかりと鍛える〕

価値語の概要・ねらい

多様な考えを出し合い,磨き合うことが深い学びのプロセスの一つです。そのためには,自分の考えを発表することへの抵抗感を低くしたいものです。この価値語を通して,発表することの楽しさも同時に味わわせながら,アクティブラーナーを育む土台づくりをしていきましょう。

●価値語を伝えあう場面

授業中,発表する子どもが限られ,参加しているのかわからない子どもたちがいる,そんな姿はありませんか。そんな時は,まずは考えをノートに書かせます。そして下記のように声をかけます。

> みんなで考えを出し合うことで,よりよい価値に気づける可能性は大きくなります。真剣に考えた自分の考えに自信をもちましょう。真剣に考えた意見です。みんな大切にしてくれますよ。

それでも高学年に近づくと,恥ずかしさ等の理由で発表をためらう子どももいます。そのような時には,ペアやグループでのやりとりを通して,話し合った子に「隣の友達は,しっかりと意見をもっていたと思う人」と挙手をさせ,安心感をもたせて発表させる等の手立ても大切です。ただし,発表を無理強いさせることは基本的にしません。また,発表することは難しくても,しっかりと友達の意見に耳を傾けている子どももいます。今の自分にできることを一生懸命している姿を認めることが大切です。　　　　（佐々木　敬人）

1学期に伝えあう価値語【授業にかかわる場面】

メモ力

〔思考を整理・分類することで,新たな気づき・発見を生み出す〕

価値語の概要・ねらい

板書をノートに丸写しして読み返すことのないノートでは,新たな気づき・発見は生まれません。友達の考えや,思いついたことをノートにメモする習慣が身につくことで,自分で問いを立て,解決に向かおうとする学びの姿勢につながります。

●価値語を伝えあう場面

学期始めの授業中,「板書に書いていないこともどんどんメモできるといいですね」と指導を行います。ただし,まだまだ具体的なイメージがわかない子どもが多いです。しかし,中には友達の考えをメモする子がいます。そのノートを取り上げて価値付けを行います。

> ノートの使い方はとても大切です。ノートに進んでメモをすることは,ノートが意見を成長させるための基地になるからです。それは,自分だけではなくて,クラスのみんなのためにも役立つものです。仲間と一緒に学ぶからこそ,メモ力は大きな意味をもちます。

なぜ,メモをすることに価値があるのか,メモ力が高まってきた友達がいるのかを子どもたちに考えさせたり,振り返らせたりする時間があると,さらにメモへの意識は高まります。新たな気づき・発見を生み出すメモ力は,授業だけでなく,自主学習ノート等にも波及していきます。新たな気づき・発見につながる力を,高めていきたいものです。 　　　　（佐々木　敬人）

1学期に伝えあう価値語【授業にかかわる場面】

正対

〔聞き合い，学び合う学習集団になる〕

価値語の概要・ねらい

話し合い活動では，互いの意見を受け止め，聞き入れることで新たな気づきや発見が生まれ，自分自身の見方や考え方，価値観を深化・拡大することができます。また，相手の意見を受け止めることは，相手の存在そのものを受け止めることにもつながります。発言する相手の意見を真正面から受け止めることは，相手の価値観を大事にしているということと同じだと伝えることをねらいとしています。

●価値語を伝えあう場面

友達のことを大事にしたいのだけれども，なかなかそれを表現し相手に伝えるのが苦手なAさんがいました。きつい言葉を言ってしまったり，自分の思いとは違った言葉を伝えてしまったりしていました。そんなAさんが4月のある授業の中で，発言する友達のほうに体を向け，その子の方に目線を送りながら一生懸命意見を聞こうとしている様子を見つけました。

> Aさんのように相手の意見をしっかりと受け止める聞き方を「正対」と言います。相手を大事にする，素晴らしい聞き方です。

それまでなかなか自信のもてなかったAさん。この言葉がきっかけとなり，さらに相手を大切にしようと，うなずいたりメモを取ったりしながら聞くようになりました。相手を大事にしたいという彼女の思いを大きく成長させた価値語になりました。

（井戸　省太）

1学期に伝えあう価値語【授業にかかわる場面】

事実＋意見

〔型を示し，自分らしさを出す〕

価値語の概要・ねらい

「意見」に自分らしさ，つまり価値観が表れます。「○○君は消しゴムを拾ってあげていました（事実）。だから優しい人だと思いました（意見）」というように，その事実に対して「優しい」と思うところにその人らしいものの見方や考えが表れます。一人ひとりが個性を発揮し合い，学び合っていく教室をつくっていくことをねらいとしています。

●価値語を伝えあう場面

4月初め，自分の考えをもたせる時に使っていきたいと考えます。昨年度受け持った学級では，次のような話をしてこの価値語を提示しました。

> 考えを書く時は「事実＋意見」で書きましょう。事実は，実際に起こったことです。意見は，みんなが思ったり考えたりしたことです。意見のところに，その人らしい考えが出ます。考え方や思いは一人ひとり違います。そこをみんなで出し合いながら，新しい気づきや発見が生まれる学びをしていきたいですね。

「自分一人の考えでは気づけなかったけど，友達の考えがあったから気づけた」といった言葉が子どもの振り返りから語られるようになります。互いの価値観から自分の価値観を広げていくことが成長につながるのではないでしょうか。実態に合わせて，具体例を示したり，活動を取り入れながら事実と意見の違いをつかませたりしていくこともポイントです。　　（井戸　省太）

1学期に伝えあう価値語【授業にかかわる場面】

引用せよ
〔かみ合った話し合いをつくる〕

価値語の概要・ねらい

　話し合いの途中で，話がかみ合わなくなってしまうことがあります。そして，何について話していたのかわからなくなることがあります。
　「○○さんは〜と言いましたが…」と，相手の言葉の引用を枕詞にして話し始めることで，話をかみ合わせるだけでなく，相手を大切にしながら話し合いを進めていくことをねらいとしています。

●価値語を伝えあう場面

　話し合いに慣れていない４〜５月。話し合いがかみ合わず，けんかをしているわけでもないのに，不穏な空気が話し合った２人の間に生まれてしまうことがありました。そこで再び話し合う際，次のような話をしました。

> 　２人とも一生懸命自分の思いを伝えようとしていたところが素晴らしいです。今度は「○○さんは〜と言いましたが…」と相手の言葉を「引用」しながら話し合ってみましょう。

　話し合いをかみ合わせていくことだけでなく，相手に思いを伝えたいという気持ちを大切にしながら，それが気持ちだけで終わらないような話し合いの仕方も伝えていくことが大切です。質問タイムやコミュニケーションゲームなど，日々の活動の中で繰り返し価値付けていくことで，より質の高い話し合いを成長させていきたいものです。

（井戸　省太）

1学期に伝えあう価値語【授業にかかわる場面】

ロケットを発射する

〔まっすぐに手を挙げ，一生懸命考えたことを堂々と示す〕

価値語の概要・ねらい

年度始めは発表する時の手の挙げ方を指導することが多いのではないでしょうか。この価値語は，その時に伝えたい価値語です。指先までまっすぐに手を挙げ，一生懸命考えた自分の意見を堂々と発表することができるようになることをねらいとしています。

● **価値語を伝えあう場面**

年度始めの授業で，手の挙げ方や発言の様子は様々です。ある日自分の考えを発表する場面で，A君が勢いよく，指先までしっかり伸ばして手を挙げました。A君の様子を見て，自分の意見に自信があることが一目で伝わりました。そこで私は次のように伝えました。

> A君は「ロケットを発射して」いました。指先までぴーんと伸びていて，堂々としていてかっこいい。輝いていました。ロケットを発射するためには，準備がいります。自分の考えをしっかり準備したことが，手の挙げ方に出ていました。

一人ひとりが自分の考えをもって授業に参加できるように，と教師は準備をします。クラスの中には必ずみんなのお手本になってくれる子どもがいます。その子どもの様子を教師は価値付けをし，全体をよい方向に引っ張っていくことが大切だと思います。また手の挙げ方も，指先までしっかり伸ばし，堂々と意思を伝えられる人になってほしいと願っています。　　（片川　彩子）

1学期に伝えあう価値語【友達関係にかかわる場面】

群れではなく集団になる

〔集団の一人として，自分で考えて行動する〕

価値語の概要・ねらい

　この価値語は，ついつい友達に流されてしまいがちな場面で，伝え合いたい価値語です。どんな時でも自分の考え，意志をもって行動できるようになることをねらいとしています。

●価値語を伝えあう場面

　休憩時間の後，6人の子どもが授業に遅れてきました。一緒に遊んでいた10人のうち4人は間に合うように帰ってきました。ですが6人はA君が「もう少し時間がありそうだからいいじゃないか」と少し怒った声で言ったから一緒に続けたと言います。私は，次のように話しました。

> 　6人は動物と同じ「群れ」です。A君が「いいじゃないか」と言ったことについていくのは，自分の考えなしの行動です。逆に4人や間に合っている他の13人は，自分で正しいことを考えて行動しました。そういう人たちの集まりを「集団」と言います。
> 　一人ひとりが自分で考えて行動できれば，23人はもっともっとお互いに力を高め合える「集団」になれますね。

　子どもたちの中で力の上下があるのはわかります。特に年度始めはまだお互い探り合い，強い子についていかなければ，という空気が流れがちです。安心感のあるクラスづくりを急ぐとともに，正しい行動を価値付けすることで，群れから集団に引き上げることが必要です。

（片川　彩子）

1学期に伝えあう価値語【友達関係にかかわる場面】

つまらない壁を壊す

〔理由のない人間関係の壁を壊す〕

価値語の概要・ねらい

1学期の教室は、目には見えない様々な人間関係の壁があります。男女の壁、仲良しグループの壁など、その種類は学級によって多種多様です。教室の中の人間関係を広げていくことに価値があることを教師が伝え、お互いがかかわりやすい雰囲気をつくってあげましょう。

●価値語を伝えあう場面

1学期が始まってすぐ、菊池実践の「成長ノート」を使った作文に「男女の仲をもっとよくしたい」と書いた人がたくさんいました。事前にそのことの素晴らしさを子どもたちには伝えていました。そんな中、国語で自由に立ち歩き、意見を交換する時間、これまで男子同士でしか話をしていなかったN君が、女子のSさんに話しかけ、意見を交換している姿が見られました。

> まだ1学期が始まって数日なのに、もう男女が「つまらない壁」を壊して真剣に話し合っている！　この先どんなクラスになるのか、本当に楽しみです。拍手！

ここでは、あえて個人名を出さずに学級全体をほめました。まだ、勇気ある行動を冷やかす雰囲気があるかもしれなかったからです。しかし、これをきっかけに人間関係を広げるために壁を壊していくことに挑戦する人が増えていきました。いろいろな友達と仲良くしたいと思う子どもたちはたくさんいます。そのきっかけをつくれる価値語です。

（梅田　駿）

1学期に伝えあう価値語【友達関係にかかわる場面】

考え力

〔勉強のことだけでなく,相手の気持ちも考える〕

価値語の概要・ねらい

　国語科の勉強で考えたり想像したりすることは,相手の気持ちを考えることにもつながります。この「考え力」は,勉強する時に使う考える力だけでなく,相手のことを考えて行動できるようになることをねらいとしています。

●価値語を伝えあう場面

　4月,まだお互いのことを理解していない頃のことです。A君が大泣きをしながらB君を蹴っている,と周りの子が伝えに来ました。B君は「俺は注意しただけ」と言います。A君はなかなか泣き止まず話がわかりません。そこで,なぜA君がB君を蹴っているのか,周りの子どもたちにも聞いてみました。すると,「危ないことをしていたから,B君は早くやめさせてあげようと思ったんじゃないかな」など,A君やB君の気持ちや行動をしっかり考えていました。私は,

> 　今,A君やB君を責めるのではなく,2人がなぜそんな行動をしたか,一生懸命考えていました。「考え力」がついていますね。「考え力」がある人は,友達の気持ちも大事にできます。

と伝えました。もちろん,A君も自分の思いを口で伝えることができるようにならなければなりません。ですが,お互いに相手の気持ちを考えることもよりよい人間関係づくりの上で大事にしてほしいです。　　　（片川　彩子）

1学期に伝えあう価値語【友達関係にかかわる場面】

笑顔の神様

〔安心できる集団になるために，笑顔を大切にする〕

価値語の概要・ねらい

笑顔は相手に安心感を与えてくれます。そして，その安心感はさらなる挑戦の原動力となります。笑顔を大切にできる人は，それだけで集団を成長に導く力をもっています。この価値語は，年度始めのぎこちない空気の中で，笑顔が見られた時にすぐに伝えあいたい価値語です。

自らの笑顔によって，周りの人が安心できるあたたかな空気をつくれるようになることをねらいとしています。

●価値語を伝えあう場面

クラスに，いつも相手の目を見て話を聴くAさんがいました。新学期のぎこちない空気の中で，B君の話を聴いているAさんがけらけら笑っていたのです。B君の話はユーモアがあったので，私も笑いました。つられて周りの子どもたちも笑い出しました。B君はとてもうれしそうです。楽しそうなあたたかい空気になったので，次のように伝えました。

> 先生はこんなに笑顔がいっぱいあふれるクラスで幸せです。笑顔がないクラスだったら，何を言っても緊張して言いにくくなりますよね。みんなの笑顔を引き出してくれたAさんとB君は「笑顔の神様」です。

安心感のあるあたたかいクラスは，よく笑います。そしてそのあたたかい空気が集団の成長を支えています。

（片川　彩子）

1学期に伝えあう価値語【友達関係にかかわる場面】

ライバルは自分

〔まずは自分自身と向き合う〕

価値語の概要・ねらい

始まって間もないクラスでは、お互いを観察しています。そして、あの子よりも自分は早く計算ができる、あの子の方が上手だ、などと人と比べて自分の位置をはかろうとします。この価値語は、自分自身と向き合い、昨日の自分を少しでも越えようとする、そして成長を実感できるようになることをねらいとしています。

●価値語を伝えあう場面

真剣勝負はお互いに力を伸ばすために大事です。ですが、成長するためには他人とではなく自分と向き合い、どうすれば前の自分を超えることができるかが重要になります。テストを返した時、A君は80点、B君は100点でした。当然B君は喜び、周りの友達に嬉しそうに伝えます。A君は残念そうな顔でそっとテストを机にふせました。B君は他の友達に「え、○点だったの。俺は100点！」と自慢しています。そこで、次のように伝えました。

> 「ライバルは自分」です。人の点数は自分には関係ありません。100点じゃなかった人は、次自分がどこに気をつければ100点になれるか、しっかり向き合えるチャンスです。

悔しい気持ち、前よりも成長したことへの喜び…これらの気持ちは、自分自身と向き合ってこそ感じるものです。そしてその気持ちや、自分を分析してわかったことが、次の成長への原動力となります。　　　（片川　彩子）

1学期に伝えあう価値語【友達関係にかかわる場面】
年上のプライドをもて
〔これまでの成長に誇りをもって相手に示す〕

価値語の概要・ねらい

　学年が上がると「下級生の見本となるように行動しなさい」とよく言われます。子どもは先輩風をふかせて，少し偉そうに後輩に指導する場面もあります。この価値語はそんな時に伝えあいたい価値語です。

　先に生まれたから偉いのではありません。先に入学し，これまで自分が苦労してきて成長してきたのです。その成長に誇りをもち，行動で示せるようになることをねらいとしています。

●価値語を伝えあう場面

　委員会が始まった時期のことです。2年連続で放送委員会になったA君が実際に機械を操作しながら仕事の説明をしてくれました。しかし，わざと必要のない機械を操作する，5年生に乱暴な言葉で指示する，などの姿が見られました。残念だったのですが，チャンスだと思い次のように伝えました。

> 　委員会に参加できる5・6年生は学校のリーダーです。5・6年生がお手本になる場面がたくさんあります。その時に「年上のプライドをもち」ましょう。今まで大変だったことも，うまくいったことも，立派な経験です。そこで経験してきたことを正しく伝えることが，年上としての責任・役目です。

　年上のプライドをもち，後輩を育てられる人になってほしいです。

（片川　彩子）

1学期に伝えあう価値語【友達関係にかかわる場面】

ご縁は一生

〔人生は縁でできていることを感じる〕

価値語の概要・ねらい

出会いの場面で伝えあいたい価値語です。この場所で，このメンバーで過ごせるのは「ご縁」なのです。人とのご縁は一生続く尊いものです。大人になっても人と出会い，つながって生きていきます。人とのご縁を宝とし，大事にできるようになることがねらいです。

●価値語を伝えあう場面

1年生を担任した時のことです。入学して間もない子どもたちは不安でいっぱいです。中には泣き出す子もいました。その中のAさんは，「B先生がよかった！　C先生がよかった！」と泣きわめいていました。B先生とC先生は以前Aさんの兄弟の担任の先生をしていた先生でした。Aさんを落ち着かせた後，クラス全体に向けて次のように言いました。

> こんなに元気いっぱいで，素直に気持ちを表すかわいい1年生の担任で，先生はすごく嬉しいです。もし，先生がもう1歳若かったら，この学校でみんなと出会えなかったかもしれない。例えばもしAさんがもう1歳年下だったら，このクラスにはいなかった。すごく不思議だけど，こういうのをご縁と言います。「ご縁は一生」，死ぬまでずっとご縁でつながって生きていくのです。先生もこのご縁を大事にしたいです。

少し難しい話だったかもしれませんが少しずつ，クラスの友達を知り，大事にしていこうとする姿が見られるようになりました。　　　（片川　彩子）

1学期に伝えあう価値語【友達関係にかかわる場面】

固い握手

〔握手に込められた思いを大事にする〕

価値語の概要・ねらい

　大人になると、公の場面で握手をすることがあります。その握手には、「信頼していますよ」「一緒に頑張りましょうね」など、いろいろなメッセージが込められています。これまで握手をする機会がなかった子どもにも、握手でのコミュニケーションの仕方を伝え、「固い握手」で、気持ちを伝えあえるようになることねらいとしています。

●価値語を伝えあう場面

　席替えの直前。今までお世話になったペア、班の人たちにお礼を言ってから次の席へ動きましょう、と指示を出しました。私も目の前の子どもに「目の前で一生懸命目を見て私の話を聞いてくれてありがとう。次の席でもがんばってね」と握手をしながら伝え、見本を見せます。すると、あちらこちらで握手をしながらお礼を伝えあうペアが見られました。あるペアは両手でしっかり手を握りながら声をかけ合っていました。そこで全体に、

> 　A君とBさんは、手をぎゅーっと握って「楽しかったよ！ありがとう！」と言っていました。「ありがとう」だけでなく、「さびしいよ」という気持ちもこめて、ぎゅっと握っていたそうです。こんな「固い握手」だと、気持ちがより伝わりますね。とても素敵な握手です。

　と伝えました。言葉だけでなく、表情、握手、様々な方法で気持ちを伝えられるような人に育ってほしいです。

（片川　彩子）

1学期に伝えあう価値語【友達関係にかかわる場面】

指先で送るメッセージ

〔相手に気持ちのこもった拍手を送る〕

> **価値語の概要・ねらい**
>
> 行事で多い拍手の場面。ただ手を叩いているだけであれば，拍手のレベルを上げるチャンスです。そこで伝えたいのがこの価値語です。拍手には「すごい」「よくやった」「嬉しい」など，様々な気持ちをこめることができます。相手の方に向けて，気持ちを送るつもりで拍手ができるようになることをねらいとしています。

●価値語を伝えあう場面

　4月の1年生を迎える会の中の入場や出し物の発表の後で，拍手をする場面が多くありました。大多数の子どもたちは，ただ周りに合わせて手を叩いていました。ですがA君とBさんは，拍手を送る相手に指先を向け，笑顔で拍手を送っていたのです。教室に帰ってから，しっかり拍手をした人をたずねると，ほとんどの子どもの手が挙がりましたので次のように言いました。

> 　たしかに手を叩いて拍手をしようとしていた人がほとんどでした。長い時間の行事だったのに最後までよく頑張りましたね。でも，A君とBさんは「すてきだったよ！」と，「指先でメッセージを送」っていました。笑顔で，相手に指先を向けて拍手をしていたのです。私だったら，A君やBさんのような拍手をもらったらすごく気持ちがいいです。

　拍手の指導で大事なのは拍手をされた方が気持ちよくなることではないでしょうか。2人のおかげで，他の子も変わっていきました。　　（片川　彩子）

2学期に伝えあう価値語【学級生活にかかわる場面】
放送事故を起こさない
〔相手意識をもって話し続ける〕

価値語の概要・ねらい

　学校生活では，多くの人の前で発表をする機会があります。そんな場面で，緊張して話す内容が飛んでしまい，話が続かず，シーンとした何とも言えない空気が漂うことがあります。1学期に，コミュニケーションの素地を培い，2学期からは相手やその場の雰囲気を大切にするためにも，どんな状況でも話を続けることの価値に気づかせたいです。

●価値語を伝えあう場面

　2学期。この価値語を伝えるために，朝の会で「ラジオでは，何も喋らない時間が5秒続いたら，放送事故っていうんだって」という話をしました。そして国語の時間，Mさんがみんなに向けて発表する時，固まってしまいました。1秒，2秒…沈黙の時間が流れる教室。しかし，5秒目になろうとした瞬間，Mさんが「え～っと…」と間をつなぐために口を開いたのです。

> 　Mさん，やったね！　今のは「放送事故」にならなかったね！　セーフ！　みんなが安心してお話を聞くことができたね。

　例のように，この価値語を伝えたい，という思いで日常生活に布石を打つのも価値語指導の戦略といえます。この価値語は，単に固まらないことがいいというだけでなく，話を続けようとすることで，自分の話を聞いている人のことも考えているという視点を教室にもたらすことができます。発表を聞く他の子どもたちも，受容的に話を聞くようになりました。　　　　（梅田　駿）

2学期に伝えあう価値語【学級生活にかかわる場面】
ブレない自分軸をもとう
〔考え、こだわり続けた自分の意見は捨てない〕

価値語の概要・ねらい

自分の意見が言えず、他人の意見を聞いて「なんとなくの空気」で人は動くことがあります。「自分の意見はこうだ」というものがあり、「自分軸」があるのならば、ブレずに意見を理路整然と言えることが大切です。自分の意見は捨てないことについて、考える価値語です。

●価値語を伝えあう場面

係活動が盛んになり始めた、11月頃のことです。ある係の代表であるAさんが意見をすると、周りの子どもはそのまま従っている状態が続いていました。会話の中で、浮かない表情のOさん。話を聞いてみると、思ったより自分の意見を内に秘めていました。Aさんの意見にどうしても賛成できなかったようです。Oさんの考えを大きくほめ、以下のように伝えました。

> 「ブレない自分軸をもとう」、自分の意見をぶつけることは、決して恥ずかしいことではありません。考え抜いた自分軸があれば、意見を聞いてくれるはずですよ。

Oさんは、自分の意見を捨てることなく、係の会話の中に入っていきました。「自分の意見を突き通す」ではなく、自分の意見をもち伝える。Oさんの意見をもとに、新しい方向性で話し合いが進んでいきました。意見を伝えられたOさんの表情は、晴れ晴れとしていました。ブレない自分軸をもつことの大切さを痛感した瞬間でした。

(村井　哲朗)

2学期に伝えあう価値語【学級生活にかかわる場面】
日常を非日常に、非日常を日常に
〔どんな状況も自ら楽しもうとする〕

価値語の概要・ねらい

学校には、学校行事や授業参観など、いつもと違う状況が多くあります。学校での生活を「非日常」、家庭での生活を「日常」として、両者から様々なことを学ぶことが大切です。そして「日常」の学びを「非日常」に返したり、逆に「非日常」の学びを「日常」に返したりして、学びの質を向上させることが重要です。

●価値語を伝えあう場面

夏休みが明けて、学校生活が始まりました。しかし、長期の休みが終わったばかりで、切り替えがうまくいきません。「学校で長い1日を過ごさなければならない」。子どもたちは、そんな思いになっていました。

そこで、夏休みの経験を語らせました。次に、これから始まる「非日常」である学校生活について話をしました。その二つに関係するものを線で結びました。前置きをして、以下のように伝えました。

> 違うもののようでいくつも共通しています。「日常を非日常に、非日常を日常に」、休みに経験したことを家や学校に還元していきましょう。

この夏休み明けの状況を逆に利用して、どんな場面でも学びにつながるものが存在していることを子どもたちは理解しました。また、9月の授業参観も「非日常」を楽しむかのように、取り組んでいました。置き換えて考える癖をつけるのに、最適な価値語だと実感しました。　　　　　（村井　哲朗）

2学期に伝えあう価値語【学級生活にかかわる場面】

ダンディズム

〔見返りを期待せず，他人のために行動する〕

価値語の概要・ねらい

　見返りを期待せず，他人のために行動できることは，人として素晴らしいことです。相手を思うその姿に，周りからの信頼も高まっていくことでしょう。
　そんな，さりげなくもあたたかい思いやりのあふれる行動の大切さを伝えることがねらいです。

●価値語を伝えあう場面

　給食準備の時間のことです。ある女の子が配膳台を1人で移動させていました。すると，そのことに気づいたA君が，スッと近づき配膳台を一緒に運んでいました。女の子がありがとうと声をかけると，ごく軽く「いいよ，いいよ～」と返事をして流れるように去っていきました。

> 　見ましたか，あのさりげなさ。ダンディだね。これぞ「ダンディズム」ですね。

　というと，A君は照れ笑いを浮かべ，教室にはあたたかい拍手があふれました。見返りを期待せずただ純粋に，手を差し伸べたこのA君の行動は，手を差し伸べられた人，また，その光景を見た人の心をあたたかくしてくれるものでした。
　このような小さな幸せの瞬間は，毎日教室で起こっていることです。教師の感度を上げて，子どもたちに返していきましょう。

（堀井　麻美）

2学期に伝えあう価値語【学級生活にかかわる場面】
「2・6・2」の上の2になろう

〔上位の2割になって、集団を引っ張る存在になる〕

> **価値語の概要・ねらい**
>
> 多くの集団は、一般的に、全体の6割の人が標準的な働きをし、2割の人が標準以上の力をもち、残りの2割の人が自分の力を発揮できていないという割合になるといわれています。
>
> 教室という集団の中で、まずは上の2を目指して自己研鑽します。そして、集団の一員としてみんなのために自分は何ができるか考え、集団を引き上げる意識をつくることがねらいです。

●価値語を伝えあう場面

夏休み明けの学級会でのことです。1学期は、個(自分)に目を向けることが多かった子どもたちに、2学期は1学期に身につけてきたことを生かして、全体の中の一人であることを意識しながら全体に目を向けてほしいという思いを込めて、

自分ひとりだけが成長するのではないのです。常に、仲間を意識して、一人も見捨てず、みんなで成長をしていきましょう。「2・6・2の上の2」にふさわしい人になりましょう。

と話しました。自分一人が合格点を取る、自分がよければそれでよいという考えは、2・6・2の「上の2」ではないのです。みんなの成長のために「上の2」を目指し、仲間をリードし、一緒に考え、ともに成長していく姿勢が大切なのです。

(堀井　麻美)

2学期に伝えあう価値語【学級生活にかかわる場面】
先生を超える
〔新たな価値の創造・拡大をめざす〕

価値語の概要・ねらい

2学期に入ると成長が加速し始め，個としても集団全体としても，大きな成長が見られるようになります。それまでは教師による価値付けだけであったかもしれませんが，それを超えて自分たちで新たに価値を生み出したり，それを広げたりしていくことをねらいとした価値語です。

●価値語を伝えあう場面

ちょっとした意見の食い違いから，BさんとCさんがトラブルになることがありました。2人の間に入って話をしようとした時，それまでの様子を近くで見ていたAさんが「私が2人の話を聞いてみていいですか」と尋ねてきました。その場はAさんに任せ，後ほど話の結果を聞くと，無事食い違いは解消できたことを伝えてくれました。そこで彼女にこう話しました。

> トラブルの話し合いはみんなにはできないと思っていたけど，Aさん，見事にやってくれましたね。びっくりしました。まさに「先生を超える」ですね。

実はAさんは1学期，友達とのトラブルが頻繁にあった子でした。トラブルを通して，少しずつ友達と上手にかかわることができるようになってきたところでした。だからこそ，驚かされたとともに，彼女が成長していることを知ることができ，うれしく思いました。

（井戸　省太）

2学期に伝えあう価値語【学級生活にかかわる場面】

安心安全基地

〔安心感のある教室には声をかけて入りたくなる〕

価値語の概要・ねらい

中学年以上になると，専科の先生が授業をしてくださる場面も増えます。授業が終わって自分たちの教室に帰ってきた時に，子どもたちはどんな様子でしょうか。安心感のある教室がつくられてくると，子どもは「ただいま」のように一声をかけて戻ってきます。教室が温かい空間になっていることを価値付けていくことで学級の一体感を生みます。

●価値語を伝えあう場面

理科の授業は専科の先生がしてくださることになっていました。2学期が始まってから日常生活も軌道に乗り始めてきたある日のことでした。いつも通り理科の授業が終わって教室に帰ってきた子どもから，今まで聞くことのなかった「ただいまー！」という声が聞こえてきました。教室で丸付けをしていた私も，自然と笑顔で「おかえり！」と声を返し，休憩後に子どもたちと一緒にこの言葉について振り返りました。

> 「ただいま」って言えるのは，教室が帰りたくなる安全で安心できる場所だってことだね。この教室がみんなの「安心安全基地」になってきてるんだろうね。

子どもたちのささいな一言は，その教室に漂う空気感を伝えてくれるものです。教師はその子どもたちの一言を聞き逃さず，価値付けることが大切です。

（梅田　駿）

2学期に伝えあう価値語【学級生活にかかわる場面】

拍手の渦

〔頑張りを認め合える集団は拍手の渦を巻き起こす〕

価値語の概要・ねらい

　お互いの頑張りを認め合うことの大切さは，1学期当初から多くの教室で教師から子どもたちへと伝えられることでしょう。しかし，それを行動に移せるかどうかは，子どもたち自身がその価値を理解しているかどうかに左右されます。1学期はしっかりと教師が範を示し，拍手の文化を根付かせます。そして2学期，子どもたちから自然に拍手が起これば，いよいよこの価値語の出番です。

●価値語を伝えあう場面

　自由に立ち歩いて相談をする授業の際，普段は決まった男の子の友達としか話さなかったA君が，女の子と笑顔で話をしていたので，そのことをほめまくると，自然と教室に盛大な拍手が巻き起こりました。

> 　みんなは友達の頑張りに自分たちから拍手ができる集団なんですね。どこからともなく巻き起こったこの「拍手の渦」は教室全体の成長の証拠です！

　こうして全体に対して拍手の素晴らしさをほめると，すかさず第2の渦が巻き起こりました。それまでの人間関係や発達段階によっては「いつでも誰にでも」という拍手が難しい実態もあります。それでも，教師は「いつでも誰にでも」すばらしい拍手を送る姿勢を見せ続け，その文化を根付かせます。その花が開こうとした瞬間を見逃さず，価値付けていきます。　　　（梅田　駿）

2学期に伝えあう価値語【学級生活にかかわる場面】

プラス１

〔言われたことだけでなく，自分の考えで行動を一つ加える〕

価値語の概要・ねらい

教室では，教師が指示することや普段のルーティンに沿って子どもたちが動くことが多いです。一見，学級はスムーズに回っているように見えますが，このことに教師が満足していると子どもたちは指示を待つことや日常通りに動くことに安心してしまいます。子どもたちの意欲ある行動を価値付け，自分から考えをもって動く意識をもたせましょう。

●価値語を伝えあう場面

外国語の時間に，自由に立ち歩きながらたくさんの友達とかかわり合う場面がありました。5人の友達と話し終えたら席に座るよう指示していたところ，すでに話し終えた2人の子どもが私の方に駆け寄ってきて「先生，まだ続けてもいいですよね」と聞いてきました。普段から，指示が終わった後の行動について話をしていたので，その2人もOKをもらえると思って笑顔だったのが印象的です。

> Oh! OK! You are excellent! It's "Plus 1"! Very good!

外国語の時間だったので，子どもたちにも英語で価値付けました。授業終了後，全体にこの価値語とその行動の価値について全体指導を行いました。授業中に，全員が同じことをすべきであるという一斉指導的な発想ではなく，子どもたちが自ら考えて活動しようという意欲を価値付けます。責任のある自由な発想を保証する上で非常に有効な価値語です。

（梅田　駿）

2学期に伝えあう価値語【学級生活にかかわる場面】

微笑み返し力

〔微笑みには微笑みで返し，あたたかい関係を築く〕

価値語の概要・ねらい

2学期は，子ども同士の関係も深まり，お互いを思いやる行動も多く見られるようになってきます。お互いの関係性を築くのには表情が大きく影響し，微笑みには微笑みで返す，プラスの働きかけが学級の雰囲気をつくっていくことを子どもたちと共有していくことがねらいです。

●価値語を伝えあう場面

2学期ともなると，男女関係なく，誰とでも話ができるように変わってきています。子どもたちの様子を観察していると，微笑みながら話しかけている女の子と，それを笑顔で聞いている男の子が目に入りました。あたたかい雰囲気に思わず写真に収めました。

> この写真のTさんは，自然と相手に笑顔を向けていますね。楽しみながら相手に自分の言葉を伝えています。一方聞いているS君も笑顔で微笑んでいます。S君の「微笑み返し力」がとてもよいですね。お互いに相手に心を開いて話し合いができていることがわかりますね。

写真を提示することで，子どもたちは相手に向かう時は表情も大切なのだということがよくわかった様子でした。友達と笑顔で向き合う子どもが増え，クラスでの対話が今まで以上にあたたかいものに変わっていきました。また，笑顔というキーワードを好んで使う子どもが増えました。まずは教師が笑顔で子どもたちの前に立ちたいものです。

（赤木　真美）

2学期に伝えあう価値語【授業にかかわる場面】

一人も見捨てない

〔誰もがかかわり，一人にさせない姿勢を大切にする〕

価値語の概要・ねらい

一人で悩んでいる友達の支えになり，誰一人として見捨てない覚悟で接することができれば，学級全員で成長し続けることができます。成長に向けて重要なキーワードは，「一人も」見捨てないところにあります。目の前の困っている人を助けることで，自分の成長のきっかけも見捨てないことにつながります。

●価値語を伝えあう場面

クラスの人間関係が固まり，ある友達には積極的にかかわるけれど，ある友達には言葉すらも投げかけない，そんな場面が見られてきた2学期の授業でのこと。4人のグループでの話し合いをしていました。ある2人だけが話し合い，残りの2人は言葉を発することもできず，思考停止の状態でした。その状況を変えるために，以下のように伝えました。

> 授業時間では自分だけ，ではなく何もしない人がいないようにしよう。「一人も見捨てない」覚悟でいれば，人も成長させられる。友達を見捨てない姿勢で，自分もクラスも大きく成長していきましょう！

「話し合いなさい」だけでは，ますます口を閉ざしてしまいます。しかし，学級全体で成長する意識，一人も見捨てない姿勢をもたせることができれば，自然と声かけの輪が広がるはずです。まずはきっかけを与えることから始めてみましょう。

（村井　哲朗）

2学期に伝えあう価値語【授業にかかわる場面】
競争より共生
〔みんなで力を合わせて，よりよい成果を得る〕

価値語の概要・ねらい

「競争」する気持ちは，成長する上でとても大切です。しかし，本当に自分だけの成長でよいのでしょうか？「共生」を目指していくことで，自他ともに成長できたら，どんなに素晴らしいことでしょう。よりよい成果を得るために，他者への気配りができるようになると，人としても大きく変われるはずということを考えあう価値語です。

●価値語を伝えあう場面

ある単元の計算問題を解いていた時に，何人かの子どもたちが誰よりも早く終わらせようと必死になっていました。「競争」を終えた後は，「速かった」，「遅かった」，などと小声でやり取りをしている様子でした。そこで，「競争」することは決して間違いなどではないと伝えた上で，

> 「競争」は自分だけの成長しか考えていません。ともに生きる「共生」を大切にし，「競争より共生」の精神で，みんなが成果を得られるよう助け合いましょう！

と話しました。「競争より共生」を知った子どもたちは，鉛筆を止め困っている友達を助けようとする姿勢がみられました。心の中には，助けたい気持ちはあったようです。意識の違いで，心のベクトルは他者にも向けることができると感じた出来事でした。

（村井　哲朗）

2学期に伝えあう価値語【授業にかかわる場面】

前向きな失敗

〔失敗を自分の成長の源としてとらえる〕

価値語の概要・ねらい

　成長する人は，失敗を成長の源として扱うことができます。成功＝成長ではなく，成功＝失敗＝成長の関係と考えているのです。前進する失敗を重ねて，大きく成長していくためには，「昨日の自分よりよくなった」という感覚が大切です。学ぶことの楽しさ，面白さを感じることが，エネルギーになります。

●価値語を伝えあう場面

　2学期の初めのことです。子どもたちは，久しぶりの授業に対して気持ちがあまり入っていません。失敗が恥ずかしい，間違えるかもしれないので手を挙げない。そんな中，自分の意見を間違えても堂々と言い続けるS君がいました。失敗を怖がらないS君を大いにほめて，以下のように伝えました。

> 　間違えたことを失敗と考えることは，「後ろ向きな失敗」です。間違えたことも成功と考えることは，挑戦し続ける「前向きな失敗」です。

　S君はとても前向きな失敗を繰り返し，事実として，授業の中で学び続け成長しています。やはり，前向きな失敗は，繰り返すことで，自分の力を伸ばし続けることができます。有名な科学者たちは，失敗なくして成功はなし，と実験を続けていったはずです。失敗を繰り返すことは，成功を繰り返すことにつながります。つまりは，経験を重ねることで，自らを成長させ続けられるのです。

（村井　哲朗）

2学期に伝えあう価値語【授業にかかわる場面】
一人をつくらない
〔みんなで学ぶことに価値がある〕

価値語の概要・ねらい

良質のeラーニングが導入されている今日,学校で学ぶことにはどのような意味があるのでしょうか。その一つとして,みんなと学ぶことのよさを体感して学ぶことが大切だと思います。みんなで学ぶ意味を考え,そのよさを実感させる価値語です。

●価値語を伝えあう場面

話し合い活動は活発に行われているでしょうか。周りと距離を置いたり,距離を置かれたりする子どもはいないでしょうか。みんなで学ぶことに価値があるという価値観を,教室にいる仲間と共有することが大切だと思います。

> なぜ,学校で学ぶのでしょう。その一つは,自分だけではなく,友達のことを大切にした学びがとても大切だからだと思います。だからこそ,みんなで意見を出し合い,意見を成長させられる集団であってほしいです。みんなにはそれができる力があると思いますよ。

教師が価値を語るよりも,子どもたちと一緒に「なぜ学校で学ぶのか」という問いを考える段階を経た方が,よりこの価値語が定着していくと思います。また,一人の友達にそっと声をかけたり,呼びにいったりした人がいた時,その事実を取り上げて,なぜそのような姿に価値があるのかを考えさせることも大切です。みんなで学ぶことの楽しさを実感させることで,集団で学びに向かう力は飛躍的に高まっていくことと思います。　　（佐々木　敬人）

2学期に伝えあう価値語【授業にかかわる場面】

作戦会議

〔仲間とともに,相手を納得させる意見をつくる〕

> **価値語の概要・ねらい**
>
> 子どもたちが主体となって友達と考えを練り合い,新しい価値に出会えるような学び手に育ってほしい,という願いを教師はもっているのではないでしょうか。この価値語は,そのような学び手を育むための指標となるものです。

● 価値語を伝えあう場面

2学期には,ディベートに代表されるように,対話をもとに,考えを磨き合う活動が活性化する時期にもなります。子どもたちの対話が機能するためには,話し合う目的を明確にもたせて活動を行わせることが大切です。

> これから,自分たちの意見を相手が納得できるものにしていきましょう。そのためには,主張,根拠,理由がしっかりとつながり合うことが大切です。相手を納得させるために,どのような価値ある作戦会議になるのか,とても楽しみです。

「考えを磨き合う」先にどんな子どもの姿をイメージしているでしょうか。教師自身が教育観を明確にもち,子どもたちと共有しておくことで作戦会議は目的を達成するための手段として機能していくことと思います。例えば,ディベートは勝ち負けも大切かもしれませんが,それ以上に大切な価値があります。その価値を共有し,効果的に価値付けを行うことで,対話に向かう子どもたちの姿勢はより前向きになることでしょう。 (佐々木　敬人)

2学期に伝えあう価値語【授業にかかわる場面】
無茶振りに応える
〔即興で応えられる強い個を目指す〕

価値語の概要・ねらい

「教室は小さな社会」という言葉があるように、反復学習で計算等を繰り返すだけではなく、即興で何かに応える力も育んでいく必要があります。無茶振りから逃げるのではなく、喜んで応えられる、そのような生きた力を育むことがねらいの価値語です。

●価値語を伝えあう場面

自分の考えを書いたり、伝えたりする力が高まってきたら、急な無茶振りに応えられる力を高めていきましょう。そこでは、意図的にハードルを上げた注文をします。

> 今、何人かの人に発表してもらいましたが、さすがだなあと思うことがあります。その一つは、必ず前の人とは違う内容を伝えていたということです。前の人と「同じです」は価値が低いことを感じているからだと思います。これからも、たくさん発表しますが、きっと前の人の言ったことをしっかりと聞き、同じことは言わないはずですね。

教師が伝えたい価値を活動前に伝えることもありますが、伝えたい価値を子どもの事実に沿わせて価値付けを行い、それを今後の学級のルールとしていくことも一つのやり方です。やらされ感がなく、自然と浸透していく可能性が高まるようです。また、子どもの実態から、どの子なら確実に無茶振りに応えられるかを意識することも大切な視点です。　　　　　（佐々木　敬人）

2学期に伝えあう価値語【授業にかかわる場面】

チーム連携

〔得手・不得手を生かし合い，学び合う集団づくりを行う〕

> **価値語の概要・ねらい**
>
> 一人ひとりの得意・不得意は違います。その凸凹が生きるような学級集団をつくっていくことをねらいとした価値語です。また，不得意と感じている人がいるからこそ，自分の得意が生かされるという価値にも気づかせていきたいものです。

●価値語を伝えあう場面

算数の時間のことです。みんなのために自分の力を発揮し，助け合うことを目標に掲げた学級でした。一人ひとりの違いが生きるような，そんな学級にしたいという思いをみんなで確認しました。問題に取り組む前に学級全体に向けて，次のような話をしました。

> 算数が得意な人，苦手な人によって，問題を解くスピードは違います。早く問題を解く人もいるでしょうし，時間がかかる人もいると思います。大事なのは，できたかどうかではなく「チーム連携」です。チーム（班）で力を合わせて，みんなが問題を解けるように協力しましょう。

苦手な子の成長を図るとともに，得意な子がそこで成長を止めてしまわないよう，かかわり合いの中で成長の場を仕組んでいきます。決して得意な人が上，というわけでなく，苦手な人がいるからこそ，得意な人が生かされる，ということも併せて伝えながら価値付けていきたい価値語です。

（井戸　省太）

2学期に伝えあう価値語【授業にかかわる場面】
空気は自分でつくる
〔自分の存在感を発揮し，学びを深める〕

価値語の概要・ねらい

一人ひとりが存在感を示すことは，それぞれのよさを発揮することです。それは学級を互いに高め合い磨き合う集団へと成長させることへとつながります。存在感は誰かにつくってもらうものではなく，自分でつくるもの。自ら勝ち取ることに価値があります。

●価値語を伝えあう場面

Aさんはいつも落ち着いて学習に取り組み，地道に努力を重ねることができる，そんな素晴らしい力の持ち主でした。しかし，「緊張して何を話しているかわからなくなってしまう」と，みんなの前で発表することは苦手な子でした。そんな彼女が，2学期に入って自分から手を挙げ，みんなの前で発表することがありました。自分の考えを図にまとめた画用紙を持ち，少し詰まりながらも意見を伝えてくれました。その意見が学級の話し合いを盛り上げてくれました。授業後，

> Aさんが自分から意見を発表し，存在感を発揮してくれました。「空気は自分でつくる」です。そうすることで，みんなの学びを深めてくれました。

と伝えました。一人ひとりが存在感を発揮することは，学びを深めることや互いに磨き合う学級にしていくことにつながります。そして，それを自分の手で掴み取るからこそ，大きな成長へとつながるのです。　（井戸　省太）

2学期に伝えあう価値語【授業にかかわる場面】

学びの拡大

〔学びの枠を広げ，ダイナミックな学習へと進化させる〕

価値語の概要・ねらい

2学期になると，自ら学びの枠を広げようとし始める子が出てきます。休憩時間でも話し合いが続く・家庭学習で調べてくる・聞き取りに行く……。45分という枠を越えて学ぶ，アクティブラーナーを育てていくことをねらいとしています。

●価値語を伝えあう場面

話し合いが活性化し始める2学期。ある話し合いの授業の前日，話し合いの好きなAさんが「家で話し合いのテーマについて，前もって調べてきてもいいですか」と尋ねてきました。もちろん承諾しました。翌日，その子がいるグループの様子を観察していると，テーマについて調べた内容をびっしりと書いた自主勉強ノートが机に開かれていました。Aさんが調べてきた内容のおかげで，グループの友達の学びにつながっているようでした。授業の後，

> Aさんは今日の学習に向けて，学校だけでなく家でも調べ学習をしてきていました。Aさんは「学びの拡大」が始まっています。積極的に学習に向かう姿勢がさすがです。

と価値付けました。

学びの枠を広げ，学びの自由度を保障することもできます。個々が学びを拡大していき，相互に刺激し合っていくことでさらに学びが拡大し，ダイナミックな学びにつながっていくのです。　　　　　　　　　　　　（井戸　省太）

2学期に伝えあう価値語【授業にかかわる場面】

突き抜けるまで徹底的にやる

〔価値に気づき，次のステップの成長につなげる〕

価値語の概要・ねらい

そのことがどんな価値をもっているかをつかむ前に諦めてしまうことがあります。「しんどいな」「もうやめたいな」と思ったところからのもうひと踏ん張りがあるかないかで，見える景色は変わってきます。価値に気づき，意欲的に学ぶ姿勢を育てることをねらいとしています。

●価値語を伝えあう場面

A君は学習に関して得意なことがあまりなく，どちらかといえば苦手意識が強い子でした。ただ，漢字を覚えることは好きなようで，自主学習ノートにはいつも学習した漢字をびっしりと書き綴っていました。そんな彼にこう伝えました。

> 今，A君はたくさんの漢字を一生懸命書いているね。すごいことです。でも，それがしんどいと感じる時がやってくると思います。そこで諦めるか，諦めずにやるか。「突き抜けるまで徹底的に」やった人にしか感じることができない景色があるかもしれません。

彼が漢字を書き続けることを通して，どのような価値を見出したかはわかりません。しかし，書き続けた彼の表情には，「何か一つでも，自分には誇れるものがある」という自信を得たような雰囲気を感じられるようになったのを覚えています。それが彼の今後の成長につながる一つになれば，と願っています。

（井戸　省太）

2学期に伝えあう価値語【授業にかかわる場面】

Win-Win-Win を目指そう

〔「自分―相手―集団」全員の成長につながるような対話を目指す〕

価値語の概要・ねらい

対話・話し合い学習が白熱してくると，自分の意見にこだわるがあまり，意見を通すことそれ自体が最終目標になってしまう子がいます。そんな時，これまでの学びを振り返りながら，白熱した話し合いの「その先」にある自分たちの姿を意識させるための価値語です。

●価値語を伝えあう場面

ディベート学習を経験した子どもたちは，対話を通して互いの意見や判断の質を磨き合うことができることを知っています。つまり，ディベートが勝敗の結果に関係なく，両チームのメンバー，そして審判員を含むその試合を見ていた人全員を成長させるものだということをすでに知っています。ですから，授業の中で対話の場（例えば少人数による話し合い，自由な立ち歩きのある話し合い）を設定する際には，このディベートでの学びと結びつけることで，目指すべき対話のゴールイメージを意識させることができます。

> ディベートを学習した時，「Win-Win-Win」という言葉を学びました。これから行う学びも「対話」がキーワードですから，目指すべきゴールはディベートと同じです。自分も相手も，さらには集団全体も成長するような話し合いを目指しましょう。

全員参加の話し合いが成立するようになった時こそ，改めて自分たちが目指すゴールに目を向けさせることが大切です。　　　　　（中國　達彬）

2学期に伝えあう価値語【友達関係にかかわる場面】
敬語は自分の世界を広げるパスポート
〔言葉を大切にすることで,人をも大切にする〕

価値語の概要・ねらい

　小学校で正しい言葉づかいを覚えずに,中学校でも大人に向かって友達のような態度で接することしかできない子どもが多く見られる気がします。この価値語は,正しい言葉づかいを学び,教室から飛び出し,大人の世界へ踏み出してもらう大事な言葉です。

●価値語を伝えあう場面

　2学期の終盤,学級の中では様々な対話をする子どもの姿が多く見られました。そんな中,授業中の対話の場面で,言葉を乱して話している子どもが目立ってきました。言葉の乱れは,心の乱れ,と指導してきました。しかし,授業中でも,友達同士の対話となると,まだまだ浸透していませんでした。そこで,以下の通りに説明しました。

　友達に対して,慣れあいの関係になっていませんか？　みなさんは教室だけの世界で終わってはいけません。「敬語は自分の世界を広げるパスポート」です。正しい言葉づかい,敬語を使って大人に近づいていきましょう。

　友達に対して敬語で話す習慣がなかったこともあり,授業で「敬語」を使うことは抵抗があったようです。しかし,慣れあいの言葉ではなく,相手を敬う言葉を使うことで,人に対する姿勢を変えるきっかけができたように思えます。

（村井　哲朗）

2学期に伝えあう価値語【友達関係にかかわる場面】

遊び王

〔限られた中で、おもしろい遊びを見つけて楽しむ〕

価値語の概要・ねらい

昨今、子どもたちの周りには、ゲーム機やインターネット、おもちゃなどの遊び道具があふれています。そんな中でも、身近にあるものを遊び道具に変えてしまう子どもの発想力は、大人顔負けです。

●価値語を伝えあう場面

雨の日でした。運動場では遊べず、子どもたちは教室で過ごしていました。教室にあるオセロなどのおもちゃはすでに売り切れていました。そんな中、あるグループが、机の上で鉛筆を転がして遊んでいました。その一角は大盛り上がりでした。自分の身の回りにあるものの中から、面白そうなものを見つけ、楽しい遊び方を考えて、限りなく楽しんでいる姿に

> 面白そうな遊びを見つけましたね。1組の「遊び王」ですね。

と、声をかけました。

子どもたちは、遊びの中で知的好奇心や表現力を豊かにしたり、自発性を養ったり、また、仲間関係を築いたりします。子どもたちの中で遊びとは、とても重要な意味をもっているのです。遊びに正解・不正解はありません。子どもらしさを全開にして、身近にあるものから自由に自分が「面白い」と思う遊びを考えて、楽しむことが大切です。

（堀井　麻美）

2学期に伝えあう価値語【友達関係にかかわる場面】

プラスの流れに乗ろう

〔プラスの行動をして、みんなでいい流れに乗る〕

価値語の概要・ねらい

　マイナスの流れの時、人として正しい行いをすることは難しいです。逆に、プラスの流れに乗ることができれば、友達と素晴らしい時間を過ごすことができます。空気を支配することが大切です。友達と楽しめるような、成長の雰囲気をつくっていくのです。この価値語は、雰囲気づくりをイメージしたものです。

●価値語を伝えあう場面

　夏休み明けで、誰もがそわそわしていた時の出来事です。「Y君が掃除を邪魔したのが嫌だ」と、KさんとSさんが言いました。確かにY君は、真面目に掃除をしていませんでした。あからさまにお互いが嫌な表情で話をしています。そこで、まず、掃除を全員がきちんとやっていたかを確認しました。すると、3人とも下を向いたままになりました。すかさず、私は以下のように伝えました。

> 　友達の悪いところばかり気になりますよね。しかし、それでは友達との雰囲気が悪くなってしまいます。お互いのしてくれたところを見つけて、「プラスの流れに乗ろう」。

　毎日ある掃除の場面だからこそ、友達とのかかわり方を良好にする手立てを提案すべきだと思います。例えば、ちり取りをしてくれたら、「ありがとう」でもいいと思います。

（村井　哲朗）

2学期に伝えあう価値語【友達関係にかかわる場面】

いいことは真似する

〔教室にプラスの言葉や行動をあふれさせる〕

価値語の概要・ねらい

　まずは教師が子どもたちのよいところを見つけてほめることで，教室にほめ合うサイクルをつくっていきます。そのサイクルを加速させることをねらいとした価値語です。子どもたちがいい意味で競い合い，教室にプラスの空気をあふれさせようとする思いを後押ししていきたいものです。

●価値語を伝えあう場面

　子どもたちは「頑張ろう」「成長しよう」という思いを胸に，学級で生活しています。そして，自分からみんなのためになることに取り組んだり，こつこつとていねいに取り組んだりすることを教室の中にあふれさせてくれます。そこで次のように声をかけます。

> 　友達がしていた「いいな」と思うことはどんどん真似しましょう。「いいことは真似する」です。

　子どもたちがお互いの行動を気にかけることで，いいことはどのようなことなのかを考えるようになります。また，お互いの頑張りやよさに気づき，ほめ合うきっかけにもつながります。さらには，教師がああしなさい，こうしなさいと口出しするより，子どもたち自身が「これはいいな」と感じたことを選択し，行動に移すことで，主体的にプラスの行動にかかわれることができると考えます。

（井戸　省太）

【2学期に伝えあう価値語【友達関係にかかわる場面】】

ブレーキ力

〔友達のマイナス行為を牽制し，よりよい関係につなげる〕

価値語の概要・ねらい

友達のマイナス行為を止めずに見逃す，といった「馴れ合い」の関係では，よりよい関係とは言えません。その先のさらに深い関係づくりを通して，お互いがより成長へと向かうことを目指しましょう。

●価値語を伝えあう場面

とても活発で仲の良い友達も多く，明るいキャラクターのAさん。授業中は進んで発言したり，友達のために知恵をかしたりしてくれる，話すことが大好きな子でした。しかし，話しているうちに夢中になりすぎて，話の内容がずれたり時間が過ぎても話を続けてしまったりして，友達を困らせてしまうことがありました。本人も「しまった」と，後で反省しているようでした。

そこである日の授業で話し合いに移る前に，Aさんと同じグループになっているAさんの友人たちにこう話しました。

> Aさんは，話し合うのが大好きですが，よく夢中になりすぎてしまうことがあります。今日はそうならないように，Aさんのためにも，みんなのためにも，「ブレーキ力」を発揮しよう。

友達だからこそ，言いづらいことでも相手のことを考えて，伝えるという選択肢を選ぶこともできます。そのような集団の関係性を築くことで，子どもたちの成長をさらに押し上げていく土台づくりにつながると考えます。

（井戸　省太）

2学期に伝えあう価値語【友達関係にかかわる場面】

限りなく透明な心

〔うれしさも悲しさも共有し，人とのつながりを深める〕

価値語の概要・ねらい

子どもたちには，人に対する優しい心をもってもらいたいものです。誰かが悲しんでいる時に，無関心でいるのではなく，思いやりをもって接している人がいます。相手の気持ちをそのまま受け止められる「透明な心」をもっているのです。相手に共感する心を大切に育むことをねらいとした価値語です。

●価値語を伝えあう場面

学級生活の中で，涙を流してしまったり，いさかいが起こってしまったりすることはよくあるものです。そんな時，友達の気持ちを察知して，相手に共感しながら支える子どもがいます。その子どもの優しさをとてもうれしく感じ，クラス全体に次のように話しました。

> 目の前で誰かが悲しんでいる時に，優しくしてあげているAさんの姿を見て，先生は心からありがとうと思いました。友達が悲しんでいる気持ちを自分のことのように考えて寄り添うことができる。Aさんは「限りなく透明な心」をもっているのですね。

子どもたちのまっすぐで美しい心に触れた時には，この価値語を使うようにしています。嬉しい時にともに喜べる，悲しい時にともに泣ける，そんな関係を築いていきたいと考えているからです。子どもたちが，その優しさを素直に出せる環境をつくってあげたいと思います。

（赤木　真美）

2学期に伝えあう価値語【友達関係にかかわる場面】

30人30色

〔互いの「らしさ」を認め，集団の強みとして考える態度を育てる〕

価値語の概要・ねらい

2学期は様々な学校行事があります。行事自体の成功はもちろん大切ですが，それ以上に大切なのは，準備や本番を通して一人ひとりがどのように「自分らしさ」を発揮しながら活躍しているかということです。一人ひとりの「らしさ」の発揮を認めるとともに，それが学級の強みにもつながるのだということに気づかせるための価値語です。

●価値語を伝えあう場面

「今の自分を色にたとえると何色ですか？」というようなテーマで対話をしたり作文を書いたりしていると，しだいに子どもたちは自分のことだけでなく，集団全体のことにも意識を向けるようになります。そのようなタイミングで，学校行事を迎える時，私はよく次のような話をします。

> 「十人十色」という言葉を知っていますか。十人いれば違いが十あるように，顔かたちや考え方は人それぞれに違うということです。明日は学習発表会本番ですね。先生はここにいるみなさんが，それぞれの「自分らしさ」や「持ち味」を発揮して本番を終えられることを願っています。「十人十色」，改め「30人30色」で挑みましょう！

「30」は学級の人数です。具体的な数字が入ることによって，子どもたちは一人ひとりに対する意識を強くすることができるようです。「ばらばらの個」を「集団」にしていく上でも大きな意味をもちます。　　　（中國　達彬）

【2学期に伝えあう価値語【友達関係にかかわる場面】

出会いと別れを成長に

〔席替えを成長のチャンスとしてとらえようとする態度を育てる〕

価値語の概要・ねらい

席替えによって、子どもたちはそれまで隣の席、同じ班で学んできた仲間と別れ、違うメンバーで学んでいくことになります。この価値語は、新たな環境で学ぶことをさらなる成長のチャンスとしてとらえる態度を育てるための価値語です。

●価値語を伝えあう場面

子どもたちにとって席替えは大きな出来事です。多くの子どもが「あの人の隣がいい」といった思いを少なからず抱えているのではないでしょうか。しかし、公に強い個を目指す集団であれば、「どの席になっても、自分の力で充実した学びを実現してやるぞ！」くらいのたくましい気持ちを育てていきたいと思います。そこで、席替えの前にはよく次のような話をします。

> 人生は出会いと別れの連続です。でも、そうした出会いと別れの中で人が成長していくことも事実です。これから席替えをしますが、席替えも一つの出会いであり、別れでもあります。今まで自分を成長させてくれた近くの席の人たちに心から感謝し、そしてこれから出会う新たな席の人たちとまた力を合わせて成長し合ってください。

そして、黒板に「出会いと別れを成長に」と書き、席替えに移ります。少し大げさなくらいに話すと、子どもたちはクスッと笑い、席替えも成長の場ととらえ、前向きな気持ちになることができるようです。　　　（中國　達彬）

2学期に伝えあう価値語【友達関係にかかわる場面】
聞ける雰囲気，聞く雰囲気
〔困った時は周りの人に聞き，聞かれた人は相手の話を聞く〕

価値語の概要・ねらい

学校生活の様々な場面で，子どもはわからないことや困ったことに遭遇します。困った挙句，子どもは一人で解決しようとしますがうまく解決できません。そのような体験を子どもに振り返らせ，子どもたちが関わり合って困難を乗り越える集団に育てるための価値語です。

●価値語を伝えあう場面

演習問題を子どもに取り組ませている間，机間巡視をしていると，A君の鉛筆が止まっています。よく見ると，理解が抜け落ちている箇所があるようです。隣の席のBさんも，何となくA君の手が止まっていることには気づいていますが，声をかけるのを躊躇っているようです。その場でA君に「Bさんに聞いてみたら？」と声をかけると，A君はBさんに尋ね，そこから二人は内容の確認を始めました。そこで全体に向けて言いました。

> 一人で頑張ってもできない時は，人に聞きましょう。人に「聞ける雰囲気」，それを「聞く雰囲気」をつくっていきましょう。

大人でも，素直に「ここがわからないのだけど……」と人に尋ねることは，抵抗があることかもしれません。この価値語は，困った時は人に聞くだけではなく，困っている人に反応して，助け舟を出すことまで要求します。子ども一人ひとりにできることは違うので，みんなが力を出し合って目標を目指す習慣をつけることがねらいです。

（久保　雄聖）

3学期に伝えあう価値語【学級生活にかかわる場面】

一笑懸命

〔必死に頑張ることで笑顔が生まれる〕

価値語の概要・ねらい

1年間のまとめの学期。子どもたちが様々な場面で真剣に取り組む姿が見られることでしょう。時には，その真剣さのあまり，友達とぶつかり合うことや，イライラしてしまうこともあります。次の学年に進むことへの不安もあるかもしれません。そんな子どもたちの心をふっと軽くすることができる価値語です。

●価値語を伝えあう場面

3学期，子どもたちは6年生を送る会に向けて懸命に準備を進めていました。6年生を気持ちよく送り出したいという気合いがぶつかり合い，準備中のある班が少し険悪な雰囲気になっていました。しかし，ある瞬間「あ～！それいいね！！」と歓声が上がりました。子どもたちからは，決してふざけた時の顔とは違う，笑顔が生まれていました。

> さっき，Bさんのグループでいい声が上がりましたね。真剣に頑張っていると，自然に笑顔が生まれるんですね。まさに「一笑懸命」ですね。

笑顔は，人間の心を明るくする価値あるものです。しかし，笑顔のない場面で「笑顔が大切です」と伝えても子どもたちの心には響きません。自分たちの心がプラスに向かっている時に出る笑顔を価値付けてほめることで，子どもたちは自分たちの笑顔に価値があることに気づきます。そして，どんな時でも笑顔を大切にしようという心が育っていきます。

（梅田　駿）

3学期に伝えあう価値語【学級生活にかかわる場面】

リストラでリトライ

〔これまでの失敗した自分を手放して,新たな気持ちで再挑戦する〕

価値語の概要・ねらい

　ここで言うリストラとはダメな自分を「解雇」つまり「手離す」の意味があります。1年間の中で失敗したことや,できなかったことを手放して,できることをみつけ,つかみ取ることがポイントです。できなかった自分を認め,できるようになるまで再挑戦するための価値語です。

●価値語を伝えあう場面

　どんな場面でも自分を否定的に言う子どもがいました。「～だから自分にはできない」と,いつも自分を否定する言葉を並べていました。様々な「できない」を見つけてしまう自分をやめてもらいたい（リストラ）と伝えた後,

> 「リストラでリトライ（再挑戦）」してもらいたい

と伝えました。少しずつですが,自分の可能性をなくすような言葉は出てこなくなりました。また,自分の可能性を摘むような言葉は,よくないという雰囲気が学級の中に流れました。学期末まで残り少ない時間でも,言葉による可能性は無限大であることを,忘れないで欲しいと付け加えました。

　日本社会では,リストラの意味は,解雇ととらえられます。イメージは悪いかもしれません。しかし,さらに悪いのは,リストラせずにダメな自分を引きずり続けることです。年度末に近づくと学校生活も乱れがちになります。そこで,やや厳しい価値語を伝えることも必要だと思います。（村井　哲朗）

【3学期に伝えあう価値語【学級生活にかかわる場面】】

誰も色あせない

〔1年間で成長していない人は，いない〕

価値語の概要・ねらい

写真が光で焼けて，色あせたとします。しかし，写真に写る人の表情や思い出は奪われません。それと同じで，立派に成長した姿は色あせません。なかなか自分の成長に意識が向かない子どもに発信していきたい価値語です。

●価値語を伝えあう場面

1年間を通して，「成長」をテーマに学校生活を送ってきました。しかし，自己肯定感の低い子どもは，自分の成長に気づくことは難しいです。そこで，全体の場で短い話を始めました。

「みなさんは集合写真を毎年のように撮影しますね。いつも同じには映りません。見た目で言えば，髪型，背の高さなどが変わりますね。中身で言えば，行事などを通して，考え方，学んだ知識などが成長しているはずです。写真は色あせることがあっても，

> 一人ひとりの成長は，「誰も色あせない」のです。

ただ気づかないだけで，写真のように瞬間に焦点を当てれば必ず見えてきます。自他ともにいい場面を見つけて，成長を見つけることができるはずです。この先も自分は変わっていないと感じることがあるかもしれません。そんな時は，写真を見比べながら昔を振り返ってみましょう。きっと，出来事を思い出して，少しだとしても成長を感じられるはずです」。　（村井　哲朗）

3学期に伝えあう価値語【学級生活にかかわる場面】
シブすぎる仕事力
〔見えないところで仕事を淡々とこなす〕

価値語の概要・ねらい

製品が世の中に出る時には，きれいな形になっています。しかし，製品をつくる過程では，並々ならぬ努力があります。陰で努力を重ねた結果，華やかな製品ができあがる。見えないところに仕事力が潜んでいることを，自覚させることがねらいです。

●価値語を伝えあう場面

1年間を通して同じ仕事をし続けることは，大人でも本当に大変なことです。学級の中で，同じ仕事を続けることはすごいことだと思うのです。掃除時間の終わりにE君が毎日，掃除用ロッカーを整理し，綺麗にしていました。それはまるで職人さんのようでした。言葉には出さず，目立たずにしていました。そこで，クラスのみんなに伝えました。

> まさにこれを，「シブすぎる仕事力」と言っていいでしょう！E君はコツコツと仕事ができます。E君は社会に出ても，同じように仕事を確実にできる素敵な大人になれると思います。

以上のように伝えた後，見えないところでコツコツと仕事を行う，子どもたちの姿がみられました。特に男子が，「シブすぎる」という言葉に反応したようです。職人のように無口で黙々と仕事をする姿に憧れがあるようでした。できるだけ裏方の素晴らしさを強調して伝えていければ，さらにいいイメージを抱きそうです。

(村井　哲朗)

3学期に伝えあう価値語【学級生活にかかわる場面】

笑う

〔物事をありのままに受け止められる〕

> **価値語の概要・ねらい**
>
> 目の前の一つ一つの出来事に対して，「いい」，「悪い」ととらわれるのではなく，ありのままを受け入れ，笑って過ごせるくらいに余裕のある人ほど，よりよく生きられるという意味の価値語です。1・2学期を通していろいろな価値語と出会った子どもたちは，改めて自分たちにとって成長を促す価値ある言葉を再選択するようになります。

●価値語を伝えあう場面

　1・2学期を通して成長してきた子どもたちは，心が育ち，いつでもどこでもとても優しい表情になります。いろいろな活動を通して，笑顔があふれ，自らが自分にとっての価値ある言葉を選択するようになります。そんな中，子どもたち自ら「笑う」という言葉を使うようになりました。

> 　「いい」「悪い」をひとまず脇に置き，余裕をもてる人はどんな状況にでもうまく対応することができます。そのような人の表情には，いつも笑顔があふれていますね。

　子どもたちが笑顔で生活を送ることができる背景には様々な要因があります。その中でも，日々子どもたちと同じ教室で過ごす担任の表情の与える影響力はとても大きいと思います。当然，叱る場面もありますが，笑顔を基本として，日々子どもたちと接することが何よりも大切なことだと思います。

（佐々木　敬人）

【3学期に伝えあう価値語【学級生活にかかわる場面】】

おかげさま

〔全ての物事に対して感謝できる〕

価値語の概要・ねらい

　3学期になると，子どもたちは自分たちの成長を俯瞰できる力がついてきます。そして，自らの成長を振り返る中で，成長の背景には自らの努力だけではなく，周りの仲間をはじめ，多くの人やモノがあったことを改めて実感することができます。言葉だけでなく，経験を通した理解ができることで，周りの環境に対して心から感謝できる人間になれます。そして，感謝できる人間は，どこまでも成長し続ける人になります。

●価値語を伝えあう場面

　成長ノートや自主学習等で，1年間の振り返りを書く機会が多くなる3学期。子どもたちの言葉の端々には，周りの仲間と切磋琢磨してきたことや，お互いに成長を支えたことを実感していることが感じられます。

> 　目に見える可視のことはもちろんですが，目に見えない不可視のことにまで感謝できる人が増えていることを感じます。みんなの成長は，決して自分だけの力だけではなく，周りの全てに対して「おかげさま」と思える心の豊かさが支えているのでしょうね。

　1・2学期，言葉では美しい言葉を言うけれど，行動が一致しない姿がよく見られます。3学期には，成長を実感し「おかげさま」といった「感謝」にかかわるような一見ありふれた言葉を，心から理解できる人間へと成長していってほしいと思います。

（佐々木　敬人）

3学期に伝えあう価値語【学級生活にかかわる場面】

パズルの1枚

〔人格の完成への一歩を自覚し，成長し続けられる〕

価値語の概要・ねらい

成長に終わりはありません。成長への様々な出来事は，あくまでパズルの1枚1枚であり，まだまだ成長できる余地があります。パズルの1枚1枚が今の自分にとって必要な1枚だったということを自覚することで，成長が明らかになるという願いが込められた価値語です。

●価値語を伝えあう場面

3学期は，自らの成長に対して，ある程度満足している子どももいれば，まだまだ貪欲な姿勢をもち続ける子どももいます。子どもたちの人生は，当然今年で終わりではなく，未来に向かって続いていきます。そのことを自覚することはよりよく生きていくためにも大切なことだと思います。

みなさんの成長は，当然3月までで終わりではなく，新しい年度，その先へと続いていきます。成長に終わりはないのですから。この先，まだまだ出会ったことのない自分自身と出会うことでしょう。今まで出会った自分はパズル1枚1枚の積み重ねの姿。そして，これから出会う自分も，パズルの1枚1枚がつくっていきます。どのようなパズルがこの先できあがるのか，楽しみですね。納得できる1枚を，これからも自ら見つけ続けてほしいです。

自分自身で1枚1枚を納得しながらつくり上げるパズル。そのような生き方を続けていってほしいと心から願っています。　　　　　（佐々木　敬人）

3学期に伝えあう価値語【学級生活にかかわる場面】

考え続ける

〔未来に視点を向け，前向きな思考をもって考え続ける〕

価値語の概要・ねらい

　考え続けることは，今をよりよくしていくこと，自分を成長させていくことにつながります。時に立ち止まることが必要なこともありますが，過去ばかりにとらわれすぎず，未来にも目を向け，思考し続けることが大切だと伝える価値語です。

●価値語を伝えあう場面

　A君は，その年担任した子の中でも特に価値語に対して興味をもち，価値語をノートに書き溜めていくことなどに取り組みながら，自分自身の心を大きく成長させていきました。2学期の半ばから書き溜め始めた価値語は，3月末には100を超えるまでになっていました。

　そんな彼に，「なぜこんなに価値語をノートに書き溜めているのか」ということを聞いてみたことがありました。彼は，「将来の夢であるプロ野球選手に向けて，目標とする選手のように技術だけでなく人間性も磨きたいから」ということを教えてくれました。そこで彼にこう伝えました。

> 　A君は「考え続ける」人ですね。未来を見据えて，今自分に何が必要か，自分を磨くために思考し続けています。とても素晴らしいです。

　物事がうまくいかなかった時，ついついうまくいかなかった過去にとらわれすぎて思考が前に進まなくなってしまうこともあります。そんな時，前向きな考えに切り替え，再び思考し始めることが大切です。　　（井戸　省太）

3学期に伝えあう価値語【学級生活にかかわる場面】
思行力

〔思考したことと行動を一致させる〕

価値語の概要・ねらい

「次はこうしよう」「自分に必要なのはこういうことだ」振り返りの中でこういった思いをもつことがあります。とても素晴らしいことだと思います。ただ,それを行動に移したり,考えたことと行動を一致させたりすることがなかなか難しいものです。自ら考えたことを行動につなげることを促す価値語です。

●価値語を伝えあう場面

　自分のよりよい姿をイメージし,本人なりの成長はあるものの,なかなか思いと行動が一致しなかったA君がいました。3学期のある日,話し合いの授業の中で「友達の役に立ちたい」という思いをもって彼は授業に参加しました。その授業の中で彼は,友達がわかるまであきらめず,最後まで寄り添いながら学んでいました。今までの,途中で投げ出してしまう姿から大きく成長した姿が見られました。そこで授業後,大きくほめました。

> 　今日のA君は,「友達の役に立ちたい」という思いを行動に移し,最後まで取り組んでくれました。そして見事に友達の学びを支えてくれました。「思行力」を高めましたね。

　思いを行動につなげることは簡単なことではありません。子どもたちのわずかな行動の変化から,今その子が考えと行動を一致させようとしているところを見取り,価値付けることが大切です。　　　　　　　（井戸　省太）

3学期に伝えあう価値語【学級生活にかかわる場面】

リバウンドしない

〔元に戻るのではなく，成長し続ける〕

価値語の概要・ねらい

今までできていたことが，学年や学期が変わってしまうとできなくなってしまうことをリバウンドと言います。リバウンドするということは，十分に力がついていないということになります。時や場，状況が変わったとしてもリバウンドしない，自分の強い芯をもった子どもに育てていきましょう。

●価値語を伝えあう場面

とても素直でかわいらしい一面をもつ一方で，感情的になると言葉よりも先に手が出てしまい，いつも友達とトラブルになってしまうA君がいました。3学期のある日，他の先生から「A君がまた手を出した」という知らせを聞き，その場に向かいました。事実確認をする中でA君に手を出したことについて尋ねると，「僕はもう絶対に友達に手を出さない」と強い口調と真剣な眼差しで答えてくれました。話し合いが終わった後，彼にこう伝えました。

> A君の今日の話を聞いて，先生は安心しました。もうかつての，すぐに手を出してしまったA君には戻らないという強い思いを感じました。「リバウンドしない」ですね。

先日，中学校の授業を参観する機会がありました。授業後，声をかけに来てくれた彼の言葉や立ち姿，視線は，リバウンドせず，今も成長し続けていることを感じさせるものでした。

（井戸　省太）

3学期に伝えあう価値語【学級生活にかかわる場面】

本気の本気

〔ここぞという時の本気を見せる〕

価値語の概要・ねらい

学校では行事など非日常の場面がいくつかあります。「○○小学校の看板を背負っているのだから……」「○年生らしくしなさい」などと言っても、なかなか子どもにとっては難しいものです。そんな時に伝えていきたい価値語です。ここぞという本気度を示せるようになることをねらいとしています。

●価値語を伝えあう場面

午後に授業参観を控えた日のことです。4時間目の終わりに、もう一度午後に授業参観があることを確認しました。保護者の方や地域の方が大勢来られること、非日常を楽しめるようにリラックスして臨めば大丈夫なことなどを話しました。ある男の子がみんなにこんなことを言ってくれました。

> 給食の後に掃除がありますよね。たくさんのお客さんが来られるので、いつも以上にきれいにしましょう。「本気の本気」でやりましょう。

掃除時間の様子を見ていると、いつもはしない見えないところまで雑巾をかけたり、いつも以上に力を込めて拭いたりする姿が多くみられました。学校生活の中で多くの「非日常」があります。どんなことも全力で行っているところを、さらに本気を出す姿勢を見せることで、さらなる高みを目指すことができることでしょう。その「本気の本気」を大人も子どもも見せられるようにしていきたいものです。

(池田　藍子)

3学期に伝えあう価値語【授業にかかわる場面】
「同じです」は言わない
〔即興力と自分らしさを磨く〕

価値語の概要・ねらい
　授業中，自分と同じ（または似た）意見が出てしまうと，「同じです」と言って，考えたり発言したりすることを諦めてしまう子がいます。しかし，同じ意見が出たところからさらにその考えを膨らませたり，より説得力をもたせたりする努力を重ねなくてはいけません。終わりなき成長を前提として，即興力と自分らしさの発揮を促すための価値語です。

●価値語を伝えあう場面

　社会科の授業で，4人の子を指名しました。1人目が発言した直後に，4人の中の1人の女の子が小さく「言われた…」とつぶやきました。そして，その子の番になった時，彼女は「〇〇さんと同じです」と言って座ろうとしました。そこで，次のような話をしました。

> 　今，〇〇さんの話を聞いて「あっ，私と似てる」と思ったでしょ。ここで「同じです」でもいいんだけど，そういう時こそ「〇〇さんのような考えもあると思いますが」と言ってまた別の新しい意見を言ってもいいよね。「同じです」ばかりじゃ自分らしさが発揮できないよね。

　「『同じです』は言わない」と言うと，多くの子が戸惑います。しかし，成長しようという意欲に満ちた教室では，必ず数名の子が即興的に自分の意見を変えたり友達の意見に付け加えをしたりします。他者との対話の中で自分の思いを語れる子を育てたいです。

（中國　達彬）

3学期に伝えあう価値語【授業にかかわる場面】

自問自答せよ

〔集団での学びを通して，改めて個人で考え抜く力を鍛える〕

> **価値語の概要・ねらい**
>
> 　1学期から2学期にかけて，学級集団は全体で白熱しながら学びを深めていきます。しかし，3学期は全体での白熱を加速させるだけではなく，それと同様（あるいはそれ以上）に，個人の中での白熱を促していきます。それまで他者との対話の中で用いていた「なぜ」や「もし」を，自分自身の中で問いかけることに価値が置かれることにより，考え続ける人間が育つのです。

●価値語を伝えあう場面

　自由な立ち歩きのある話し合いを行っていた時のことです。多くの子が小グループをつくって話し合っている中で，Aさんが一人自分の席でノートに向かって考えを整理していました。「どうして話し合いに参加しないの？」と聞くと，「誰かと話し合ってもいいんですけど，その前にもうちょっと自分の意見を考え直したいなと思って」とAさんは答えました。その時間の最後にAさんのその姿を取り上げ，次のような話をしました。

> 　Aさんは，あえて一人になって自分の考えを深めようとしていたんですね。こういう姿を「自問自答する」と言います。先生はAさんのこういう姿に自分で自分を成長させようとする強い意志を感じます。

　3学期はこうした個人の中で白熱する姿を積極的に価値付け，自ら学び考え続ける人間を育てていきたいものです。

（中國　達彬）

3学期に伝えあう価値語【授業にかかわる場面】
45分間での成長

〔1時間を貴重な学びの場，成長の場ととらえて授業に臨む〕

価値語の概要・ねらい

　3月になると，学年の終わり（ゴール）が意識され始め，教室の中には改めて1日1日を大切に過ごそうとする雰囲気が生まれてきます。そして，子どもたちの視点は自然と1時間1時間の授業に向くようになります。限られた時間の中で少しでも自分たちが成長するためにはどのような学び方が必要か。主体的に考えていくことをねらいとしています。

●価値語を伝えあう場面

　3学期，今の学年もあと数週間で終わりを迎えようとしている時期の算数の授業のことです。いつものように自分たちで教え合い，学び合いながら課題を解決していくという展開に入る前に「教え合い，学び合う時に大切なことは何か？」という質問を子どもたちに投げかけ，それぞれ考えたことを黒板に書かせました。その中である子が書いていたのが「45分間での成長」という言葉です。説明を求めると，その子は次のように話してくれました。

> 誰かと一緒に学ぶ時には，問題の解き方も（大切）だけど，相手の気持ちに寄り添ったり，自分の考えをわかりやすく伝えたりすることも大切ですよね。だから，算数のことだけを学ぶのではなくて，人として大切なことも学んで成長できると思うからこう書きました。

　1時間1時間が何のためにあるのか。その価値を教師が一方的に伝えるだけでなく，子ども自身が見出すことも大切です。
（中國　達彬）

3学期に伝えあう価値語【授業にかかわる場面】

要約力

〔大切なことを落とさずに端的にまとめる力を育てる〕

価値語の概要・ねらい

話し合いを行う上でも，作文を書く上でも，大切なことを落とさず端的にまとめて表現する力は，その後の相手とのコミュニケーションを円滑なものにします。国語科の学習用語の「要約」という言葉が価値語として国語科以外の場面でも扱われることにより，子どもたちは学んだ言葉の意味をより体験的に学習していくことができるようになります。

●価値語を伝えあう場面

授業の中で，2人の子が対話をしていました。Aさんが少し長めに自分の意見を言った後，もう一人のBさんが「ああ，つまり，Aちゃんが言いたいのは……ってこと？」と聞き返しました。すると，話をしたAさんはニコッと笑って「そうそう！」と答えたのです。そこで，私はその状況を説明した後，次のように話しました。

> このBさんの「つまり」って言葉がいいですね。「この話の流れで大切なことは何かな」と考えながら相手の話を聞いているからこそ，こうやってAさんの話を短い言葉でバシッと要約できるんですよね。

こうして要約の大切さを再確認した子どもたちは，少しずつ「自分の言葉を整理してからアウトプットする」という態度が育ち始めました。話し合いでも作文でも，要約力が育つと，コミュニケーションはよりスムーズになっていきます。

（中國　達彬）

3学期に伝えあう価値語【授業にかかわる場面】
答えは自分の内側に

〔答えを誰かに求めるのではなく，自分自身で考える態度を育てる〕

価値語の概要・ねらい

問いに対する答えがいつも自分の外側（他者）にあるとは限りません。答えに迷った時こそ改めて自分自身に問いかけ，自ら答えをつくっていく。そうした姿勢に気づかせることをねらいとしています。

●価値語を伝えあう場面

学年末になると，1年間の総括として菊池実践の「試練の10番勝負」に取り組みます。その中に必ず「自分にとって〇〇とは何か？」というテーマを取り入れます。「〇〇とは何か？」という問いは抽象度が高いため，多くの場合，一般的な答えを導こうとするとその作業はとても難しくなるとともに，結果として似たような回答が並ぶことになります。しかし，ここに"自分にとって"という言葉を加えることで，答える側は自分自身の考えや経験を辿りながら，自分らしい答えをつくっていくことになります。

> 「〇〇とは何か？」こう聞かれると，多くの人が正解を求めて自分の外側に答えを探そうとするのではないでしょうか。つまり，本で調べたり誰かに聞いたりするということです。それも大切なことですが，それだけではなく「最終的に自分はどう考えるのか，何が言いたいのか」と，自分の内側に答えを求めていく姿勢も大切にしてほしいなと思います。

答えがない問いに対していかに自分で答えをつくっていくか。まさに1年間の成長を問う価値語です。

（中國　達彬）

3学期に伝えあう価値語【授業にかかわる場面】
「楽しそう・楽しい・楽しかった」の３拍子

〔ポジティブな思考・態度を前面に出し，無邪気に学ぶ態度を育てる〕

価値語の概要・ねらい

未解決の課題に対して「楽しそう」「おもしろそう」と挑戦し，挑戦している最中も「楽しい」「もっとこうやったら……」と夢中になれる。そして，終わったら「楽しかった」「またやりたい」といった前向きな気持ちになる，そんな知的で無邪気な態度を促す価値語です。

● 価値語を伝えあう場面

「今日の授業は話し合いです」１年間話し合うことの価値や喜びを実感してきた子どもたちは，教師のこんな言葉を聞くと口々に「よしっ！」「やった！」と笑顔になるのではないでしょうか。そんな時，次のような話をします。

> すてきですね。誰かと話し合うことは簡単なことではないけれど，それを「楽しそう」と思えることが，あなたたちの成長した姿そのものだと思います。そうやって「楽しそう」という前向きな気持ちで何かにチャレンジし，チャレンジしている時は「楽しい」と思いながらそれに没頭できる。そして終わったら「楽しかったね」と言って笑い合える人（集団）って，すごく知的で無邪気で，あたたかいなと思います。

そして，「楽しそう→楽しい→楽しかった」と板書し，「今日もこの３拍子を目指して白熱しましょう！」と声をかけ，話し合いに入っていきます。

（中國　達彬）

3学期に伝えあう価値語【授業にかかわる場面】

いつでも，どこでも，誰とでも

〔人と論を区別し，自分を成長させるために対話を重ねる態度を育てる〕

価値語の概要・ねらい

話し合うこと・考え合うことの楽しさは「意見のずれや違い」から生まれます。いつでも，どこでも，「自分らしさ」を発揮しながら学び，自分で自分を成長させる心を育てる価値語です。

●価値語を伝えあう場面

学校生活において登校から下校までが「成長の場」だとするならば，最終的に子どもたちには「いつでも，どこでも，誰とでも仲良くできます，学べます」と言えるくらいの人になってほしいなと思います。3学期，自由に立ち歩いて対話を行った後に次のような話をしたことがあります。

> 1学期の頃は男子と女子が分かれていたり，いつも決まった人とばかり話をしていたりする人が多かったけれど，今はもうそんなことを心配する必要はなくなりました。対話の本当のおもしろさは，自分とは違う思いや考えにふれ，そこからまた新たな気づきや発見が生まれるところにあります。みなさんには，いつでも，どこでも，誰とでも今のような学び方ができるくらいの大人になって，もっともっと自分で自分を成長させてほしいなと思います。

今の対話の経験が，未来の自分たちのどんな姿に結びつくのか。「今」だけでなく，「未来」の姿にもスポットを当てながら価値語を示すことで，価値語の意味はより深みを帯びていくと思います。　　　　　（中國　達彬）

3学期に伝えあう価値語【授業にかかわる場面】

話の流れをつくる

〔話の流れを読み，話し合いを進行する態度を価値付ける〕

価値語の概要・ねらい

話し合いが深まらない原因の一つに，「どのように話し合えばよいのかがわかっていない」ということがあります。この価値語は，話し合いの進行を助け，話し合いを促す態度を育てるための価値語です。

●価値語を伝えあう場面

ディベートは「立論」「質疑」「反駁」といったフォーマットに沿って話し合いが進みます。このことを経験し，そのよさを実感した子どもたちは，普段の話し合いの中でも，その流れを意識しながら話し合いを進めるようになります。少人数による話し合いの場面で，一人の子が自分の意見を言った後，別のある子が「じゃ，次私が言うね」と言ってから自分の意見を話し始めました。私は後からこのことを取り上げて，次のように話しました。

> 「じゃ，次私が言うね」ってことは，話し合いの流れをつくろうとしているんですよね。これ，ディベートと同じですよね。相手が意見を言い終わるのを待って，自分も意見を出す。そして，次にそれぞれの意見を深めるための質問をする。ゆるやかだけど，こういう話の流れがあるからこそ，考えが深まっていくんですよね。

話の流れが読めない，つくれないと，水掛け論になったり，何を話せばいいのかわからなくなったりします。ですから，こうした話し合いを俯瞰し，話の流れをつくるような言動を価値付けたいものです。　　（中國　達彬）

3学期に伝えあう価値語【授業にかかわる場面】

「らしさ」を見つける,引き出す,伝える

〔「らしさ」に目を向けながら対話を重ねる態度を育てる〕

価値語の概要・ねらい

1年間,学級の中のコミュニケーションを大切にしながら学びを深めていくと,子どもたちはお互いの意見の述べ方や考え方の傾向をある程度予測することができるようになってきます。こうしたそれぞれの「らしさ」を生かし合う学びをより加速させるためにも,対話の中での質問や受け答えによって相手のよさを引き出すことを促すための価値語です。

●価値語を伝えあう場面

人はそれぞれ価値観が違います。しかし,私たちはつい「自分が正しい,自分は間違っていない」と思ったまま相手の意見を最初から否定してしまうことがあります。ですが,それでは対話は成立しません。相手がどんな考えをもっているのかを探り,なぜそのような考えに至っているのか,その考えを支える根拠はどこにあるのかを見つけていかなくてはなりません。

> 話し合いの中でAさんが「うんうん」と相手の話を受けとめた後,「どうして○○さんは…って思うの?」と相手の考えを引き出す質問をしていました。こうやって友達の考えを引き出してくれる人がいるから,それぞれが「らしさ」を発揮しながら学ぶことができるんですね。

人と意見を区別し,自分と相手との考え方の違いが新たな気づき・発見につながることを学んできた子どもたちは,それぞれの「らしさ」に向き合い,それを生かした学びを展開することができるでしょう。　　　　(中國　達彬)

3学期に伝えあう価値語【授業にかかわる場面】
聞こえる声ではなく，聞かせる声
〔「伝えよう」「伝えたい」という主体的な話し方を価値付ける〕

> **価値語の概要・ねらい**
>
> 相手を意識し，自分の考えを相手に伝えたいという思いが強くなってくると，声の出し方にも変化が現れます。単に大きい声を出すだけではなく，間の取り方やアクセントのつけ方等，相手をひきつけるために自ら工夫する態度を育てる価値語です。

●価値語を伝えあう場面

　声を出す態度を価値付けたり促したりする際に用いられる価値語として「出る声ではなく出す声」という言葉があります。これが3学期になると，表現力も豊かになり，声量だけでなく間の取り方やアクセントのつけ方も意識するようになり，相手に伝えるための様々な工夫をする子が現れます。

> 　今，Aさんは話す前に一瞬聞き手の方をぐるっと見たでしょ。そして，みんなの意識が自分に向いたのを確認してからあえて静かに語り始めました。Aさんは「聞こえる」ように声を出すレベルを超えて，「聞かせる」ように声を出すことができる，表現力豊かな人ですね。

　スピーチで話す場において，話し手が工夫できる点は声の大きさだけではありません。そこには，自分と聞き手との間を読み，その場に合った話し方を即興で判断し，実践することが効果的な場合もあります。相手に伝えたいという気持ちが強くなるほど，「聞こえる」を越えて「聞かせる」意識が強くなるのだと思います。

（中國　達彬）

【3学期に伝えあう価値語【友達関係にかかわる場面】】

スペシャルパフェにする

〔お互いの意見のいいところを合わせて互いに納得のいく方法を考える〕

価値語の概要・ねらい

　学年のまとめの時期になりました。話し合いのレベルを引き上げていきたいところです。この価値語はそんな時に使いたい価値語です。みんなの意見を反映させるために，折り合いをつけられること，合体できることを考え，互いに納得できる結論に至ることができるようになることをねらいとしています。

●価値語を伝えあう場面

　クラスで最後のイベントを企画していた時，各々のやりたいことが多く，なかなかまとまらなかった時のことです。結局，自分が担当したいプログラムを決め，似ているものは一緒に企画・運営する，持ち時間を１人１分にする，などの方法が決まりました。私はそんな姿にとても感激し，

>　例えばプリン，アイス，フルーツ…全部食べたいけどお腹がいっぱいになるし，一つに決められないし，と迷っている時は，量を少しずつにしたスペシャルパフェにすれば全部食べることができます。すごく幸せですよね。みんなが今決めたことは，まさにスペシャルパフェです。全員が楽しく幸せに過ごせる方法を決められたことを嬉しく思います。

　と伝えました。当日は小さなケンカはあったものの，全員が参加しお互いの企画を楽しむことができました。スペシャルパフェはみんなでおいしく食べることができたようです。

（片川　彩子）

3学期に伝えあう価値語【友達関係にかかわる場面】

ブーメランの法則

〔自分の行動はよくも悪くも必ず返ってくる〕

> **価値語の概要・ねらい**
>
> 相手のことを思い、与えた優しさや思いやりは、たとえ相手に受け取ってもらえなくても自分のものになっています。この価値語は、自ら相手に思いやりをもって行動できるようになること、そしてそれによってよりよい人生を送れるようになることをねらいとしています。

●価値語を伝えあう場面

6年生を送る会の準備をしていた時のことです。仲良しな6年生もいるけど、直接かかわったことのない人がたくさんいる、中には悪口を言ってきた人もいる、だからいまいち気持ちが入らない、と訴えてきた子たちがいました。そこで、次のことを伝えました。

相手に対して嫌だな、何でこんなことしないといけないの、と思っていると、自分も嫌な気持ちが広がっていきますよね。するとささいなことで友達を傷つけたり、なんだかうまくいかなかったり、嫌な気持ちが連鎖します。でも他人に感謝の気持ちや優しさを少しでもプレゼントしていくと、それは自分に絶対返ってきます。なぜなら優しさをプレゼントしようとしている時、心の中で優しい気持ちが広がっていくからです。自分のなかに優しい気持ちが心にある時は、相手の優しさにもたくさん気がつけます。これをブーメランの法則と言います。

優しさがたくさん返ってくる子どもに育てたいものです。　　（片川　彩子）

3学期に伝えあう価値語【友達関係にかかわる場面】

他己中力

〔相手を中心とした視点を育てる〕

価値語の概要・ねらい

本来人間は自己中心的なものです。一部の人だけの世界ができ，一方で浮かない顔をしている人たちがいる……そんなことはありませんか。この価値語は，そんな時に伝えあいたい価値語です。自分と同じように周りの人を大切にし，ともによりよく生きていけるようになることをねらいとしています。

●価値語を伝えあう場面

　ゲームをしていると，あるペアがケンカをしてしまい，ゲームが中断しました。原因はA君が，じゃんけんに負けたことで，だだをこねていたからでした。すると，ペアのBさんが「じゃあ，今日はA君が勝ちでいいよ」と言ったのです。本当にそれでいいか聞くと，Bさんは「だってこのままだと，みんなゲームができないままじゃん。早くしよう！」と答えました。私は，

> 　Bさんは，どうしたらみんなが早くゲームができるか考えて行動しました。周りの人のことを考えて行動できる力を「他己中力」と言います。逆に，自分のことばかり中心に考えることを「自己中」と言います。みんなにはぜひ「他己中」を目指してほしいな。

と伝えました。その後は全員でゲームを楽しむことができ，さらにじゃんけんの約束をみんなで見直しました。その後，A君も含め「自己中」か「他己中」かの視点で行動を見直すことのできる子が増えました。（片川　彩子）

3学期に伝えあう価値語【友達関係にかかわる場面】

ふり向けばお助けマン

〔気づかぬ間にも助けてくれている人が周りに必ずいる〕

価値語の概要・ねらい

私たちの周りには，知らぬ間に助けてくれ，支えてくれている人が必ずいます。その存在を意識して，感謝の気持ちをもって過ごす気持ちをはぐくむことがねらいです。

●価値語を伝えあう場面

A君は給食当番だったため，班机にする時間もなく急いで給食室に行ってしまいました。その後，同じ班のB君が自分の机を班机にした後にA君の机も同じように班机にしていました。B君に「ありがとうね」と伝えると，ただにっこり笑っていました。クラス全体にこのB君の姿を紹介した後に，こう話しました。

> 私たちは，毎日たくさんの人に支えられ，助けられています。自分が気づかない間に助けてもらっていることもたくさんあります。時に立ち止まって周りを見渡してみましょう。「ふり向けば，お助けマン」が必ずいるはずです。

ランドセルの用意をしている間に水筒を持ってきてくれた。すき間時間に，クラスのために本棚の整頓をしてくれた。何かに一生懸命取り組んでいる間，見えないところで誰かがフォローしてくれていた。周りの支えに気づくことで，感謝の気持ちや安心感が育まれます。

（堀井　麻美）

3学期に伝えあう価値語【友達関係にかかわる場面】
コミュニケーションの達人

〔最上級のコミュニケーションは、そのままを共感することだと気づく〕

価値語の概要・ねらい

共感とは、相手とつながる素敵な手段です。受け止めてもらえたと感じた人は、次のステップに進むことができます。先入観なしの共感の大切さを伝えることがねらいです。

●価値語を伝えあう場面

プリントの課題につまずき、目に涙をためているAさん。そんなAさんの姿に気づいたB君が「大丈夫だよ」と声をかけました。再度、課題に取り組み始めたAさん。B君は、その課題が終わるまで隣でその時間を一緒に過ごしました。そして、「できたね！」とAさんよりも先に喜んでいました。

> B君が側にいてくれたから、Aさんはもう一度頑張ることができました。側にいることで、Aさんが次のステップに進めるきっかけをつくったB君は「コミュニケーションの達人」ですね。

Aさんは、ただ答えを教えてほしかったのではなく、わからないという不安な気持ちを、誰かに一緒に感じてほしかったのだと思います。B君は、そんなAさんの気持ちを感じ、そのまま受け止め、ただ隣にいるということで、Aさんの気持ちにぴったり寄り添ったのです。

つい、自分の「こうしてあげたい」という気持ちを注ぎたくなりますが、それでは相手の気持ちを置き去りにしてしまいます。沈黙という共感は、最上級のコミュニケーション力です。

（堀井　麻美）

3学期に伝えあう価値語【友達関係にかかわる場面】

ホームの安心感

〔教室の安心感は，子どもたちのさらなる世界を広げる〕

価値語の概要・ねらい

教室に安心感があると，子どもたちは主体的に行動していきます。自分の居場所をしっかりもてた時，さらなる世界を広げることができます。安心感ある教室（ホーム）の大切さを伝えることがねらいです。

●価値語を伝えあう場面

1学期，2学期と，言葉や聴くことなどを大切にしたかかわり合いを積み重ねたことで，教室にはあたたかい人間関係と空気が生まれていました。

ある男の子は，学校のふれあい標語投票で，数ある候補の中で1番になりました。そして，その標語に書いたことを校内で実践し続けていました。また，ある2年生の女の子は，掃除の反省会の時に，全学年が含まれる班の中で進んで手を挙げて，堂々と自分の思いを発表していました。

日頃からの教室でのあたたかい関係があってこそ，教室外でも誰の前でも，自信をもって自分を表現しているのだと思いました。この2人の姿を受けて，「ホームの安心感」という価値語を教室に加えます。

その後も，この価値語はクラスで大切にされています。

学校では，自分の教室がホーム（基地）です。ホームでの安心感やそこで育まれた信頼感があってこそ，別の場へと出ていっても，変わらず，またそれ以上に自分の力を発揮することができます。

（堀井　麻美）

3学期に伝えあう価値語【友達関係にかかわる場面】

友達効果

〔友達の存在は,自分自身の行動を広げるきっかけになる〕

価値語の概要・ねらい

　友達と一緒なら,いつもより少し大きな一歩を踏み出せます。「友達と一緒ならできるかも。やってみよう!」と,気持ちが変化したこの瞬間を切り取ります。友達は,行動や気持ちの原動力となる存在であることを伝えることがねらいです。

●価値語を伝えあう場面

　A君はクラスでの発表が苦手でした。「発表してみたら?」と声をかけるといつも「発表はしたくない」と言います。不安や緊張が大きい様子でした。
　ある日の授業で,隣の席の友達とペアで発表するという時間がありました。そのとき,A君はその友達と一緒に,肩を引き上げるように高く,指先まで力の入った様子で手を挙げていました。この姿を写真に撮り,クラス全体に紹介しました。A君にこのときの気持ちを尋ねると,「2人で手を挙げるとうれしかったです」と答えました。

　今日のA君は,発表することがうれしかったようです。他にも,いろいろな場面で,「友達と一緒ならやってみよう」と思えた経験ってありますよね。それまでの自分を変えるきっかけになる「友達効果」は心強いですね。

　友達と一緒という安心感は,子どもの行動を大きく広げます。その結果,子どもは自信と達成感を得ることができるでしょう。　　　　　(堀井　麻美)

3学期に伝えあう価値語【友達関係にかかわる場面】

ともに磨く

〔ともに成長していける仲間になる〕

価値語の概要・ねらい

3学期までくると，自分で考え行動する姿が多く見られるようになります。しかし，その中でも「自分だけならいいや」「ちょっとぐらい……」と気持ちがだれてくる様子が見られることもあります。そんな瞬間，みんなで成長していこうともう一度リスタートする価値語です。

●価値語を伝えあう場面

私の学校には，3学期にビックイベントの大縄大会があります。3分間で8の字跳びが何回跳べるかクラスごとに競うものです。もちろん子どもたちも優勝しようと大張り切りです。

しかし，運動が苦手な子や集団で活動することが苦手な子は，とても億劫で仕方がない様子でした。最初は，リーダーのもと練習をしていましたが，日を追うごとに練習の参加人数が減っていきました。そんな危機的状況を察したある子どもがこんなことをみんなに言いました。

> 大縄の練習ですが，みんなでやるから意味があるのではないですか。本番で，優勝はしたくないのですか。みんなで知恵を出し合い，「ともに磨いて」練習を続けましょう。

人は一人では生きていかれないという言葉があるように，成長も一人ではできないのです。ともに切磋琢磨し，磨き合いながら成長をしていく。これこそが成長を促すエネルギーとなることでしょう。　　　　　（池田　藍子）

3学期に伝えあう価値語【友達関係にかかわる場面】

駄菓子のような人

〔背伸びせず，飾らない，在りのままの自分でいる〕

価値語の概要・ねらい

一緒にいて安心できる人，ついつい声をかけたくなる人，そんな人はいませんか。一緒にいる人に気を遣わせることなく，誰とでも馴染めることの価値を考えられる価値語です。

●価値語を伝えあう場面

ある日のこと。「ほめ言葉のシャワー」の主役は，クラスの中でも一目置かれているS君でした。最後のスピーチで，S君は「僕は駄菓子のように誰もが親しんでくれる人になりたいです。高級なお菓子は美しいけれどみんなが食べられるわけではありません。だから駄菓子がよいと思うのです」と述べました。S君からこのような言葉が出てきたことは意外でした。全体に次のように話しました。

> 一部の人とのみかかわるのではなく，誰とでも同じように接することができるってとても大きな心をもった人だと思いませんか。子どもから大人まで親しめる「駄菓子のような人」ってわかりやすいですね。飾らず，気取らないで自分らしさを出せたら，きっと周りの人も近寄りやすく，話しやすい存在になれるでしょうね。

このスピーチをしてから，S君自身が変化していきました。また，クラスに何でも言い合える雰囲気が広がっていきました。教室が，より自分を出せる環境に変わっていったのです。

（赤木　真美）

叱りたい・注意したい場面で伝えあう価値語

信頼の山

〔信頼される行動を積み重ねる〕

価値語の概要・ねらい

2学期を迎えると，子どもからは自主的な活動やプラスの言動も増えてきます。しかし，そんな中でもマイナスの言動で周りの信頼を失ってしまう子もいるでしょう。プラスの言動の価値は知っているのに，実際の言動につながらない。そんな子どもたちに「あなたが信頼される人になってほしい」という願いを伝えることのできる価値語です。

●価値語を伝えあう場面

2学期が始まってしばらく経ち，教室にはリラックスできる空気が漂い始める反面，休憩中など緊張感が薄れる場面もありました。そんな中，A君が，友達につい暴言を浴びせてしまいました。これまで，自分の言動を改めようと頑張ってきたA君ですが，我慢ができなかったようです。A君がこれまで少しずつ「信頼のかけら」を積み重ねてきたことを評価しながら，このように伝えました。

> 信頼のかけらを積み重なると，「信頼の山」ができる。その山からは，きっと素晴らしい景色が見えますよ。

価値語指導を行うことで，子どもたちの内面のよさを認める場面が増えてきます。それらを教師がしっかりと覚えておくことが大切です。そして，問題行動が起こった時も，それまでの価値ある行動を認め，信頼される大人になってほしいというメッセージを伝え，指導します。

（梅田　駿）

叱りたい・注意したい場面で伝えあう価値語

愛ある無視

〔愛のある無視で，友達も自分も静かになる〕

価値語の概要・ねらい

静かにしなければならない時でも，つい周りの友達と話をしてしまうことがあります。「愛ある無視をしよう」は，声を無駄に出さず，友達も自分も静かにすることを価値付けるための言葉です。

●価値語を伝えあう場面

久しぶりに学校が始まり，調子を取り戻し始めた，9月中旬頃のことです。授業中，どうしても友達に話しかけてしまうK君がいました。隣のMさんはK君に悪いと思って，つい話を聞いてしまいます。そんな時に，以下のように伝えました。

> 友達に話しかけられて，いつも反応してあげることがいいことではありません。話を聞く時には，「愛ある無視」をもってお互いが静かになろう。

Mさんは，「愛ある無視」にしっかりと向き合い，実行するようになりました。話しかけてしまう隣のK君も，Mさんが話しかけても反応しなくなったので静かになりました。また，学級全体も，静かにするためのコツをつかんだ様子でした。友達だから，話をしないと嫌われると思っていた子どもが多いようでした。口を閉じることも愛情表現の一つであることを，「愛ある無視」から学んで広げていきました。教室からは，しだいに無駄な注意，いらない話し声は減っていきました。

（村井　哲朗）

叱りたい・注意したい場面で伝えあう価値語

自分も相手も大切に

〔自他ともに大切にすることで危険を減らす〕

> 価値語の概要・ねらい
>
> 　子どもが廊下を走っていたり，遊びのルールを破っていたりすることはありませんか。叱った時はルールを守ろうとしますが，その場を離れると元通りに……。そんな場面ありますよね。
> 　そんな時，子どもたちに考えさせたい価値語です。自他ともに大切にすることで危険を減らすことをねらいにしています。

●価値語を伝えあう場面

　ある日の休み時間，廊下を全速力で走っていたA君。グラウンドの場所取りをしようとして走っていました。すると，曲がり角で1年生とぶつかり，けがを負わせてしまいました。このことを休み時間明けにすぐクラスの子どもたち全員に投げかけました。もちろん，廊下を走ることが悪いことは知っています。そこで，「どうして廊下を走ってはいけないのだろう？」と聞きました。そこでは，けがをしてしまう，危険だからなど，自分本位の意見が多かったように感じます。そこで，

> 　けがをするのは，自分だけではありません。相手にけがを負わせてしまうこともあります。「自分も相手も大切に」です。

と伝えました。「廊下は走りません」と指導するだけではなく，なぜ危険なことをしてはいけないのかを一緒に考えて，この価値語を示すとよいと思います。互いの命を守るためにも必要な価値語だと思います。（池田　藍子）

叱りたい・注意したい場面で伝えあう価値語

置いといて

〔切り替えをして本来の学習内容に戻る〕

価値語の概要・ねらい

　授業の中で，学習内容から脱線して雑談が始まってしまうことがあります。時には雑談が必要な場合もありますが，雑談は「置いといて」本来の学習内容に戻ることが大切です。この価値語は，本来の学習内容に戻るために，切り替えをすることをねらいとしています。

●価値語を伝えあう場面

　授業中，誰かのある一言で，雑談が始まることがあります。案外子どもたちは授業の内容よりも雑談の内容の方がよく覚えているものです。雑談はねらいをもって効果的に行いたいものです。

　しかし，雑談からなかなか切り替えができない子どもがいる場合，授業を進めなくてはならないのにと，焦る気持ちが出てきてしまう時があります。こんな時に大きな声で指導するよりも，「置いといて」を雑談終了の合言葉にしましょう。

> 「置いといて」の一言で授業の内容に戻って来られる人は，切り替えが非常に上手な人です。賢くなれますよ。

　そのうち，「置いといて」と言うと，「持ってきて」などと蒸し返す言葉を子どもが言うようになるかもしれませんが，それはそれで漫才みたいでいいではないですか。ひとしきり笑って本来の授業内容に戻りましょう。

（久保　慶恵）

叱りたい・注意したい場面で伝えあう価値語

NGワードを使わない

〔人を傷つける言葉を使わない〕

価値語の概要・ねらい

　子どもたちは，時として簡単に人の心を傷つけてしまう言葉を言ってしまうことがあります。しかし，簡単に使ってしまいつつも，本当は教室からなくしたい言葉だとも思っています。この価値語は，このような言葉を言ってはいけないものとして意識付けさせることをねらいとしています。

●価値語を伝えあう場面

　班で話し合いをしている時，A君が話し合いに参加してくれないので，A君も話し合いに参加するように注意した時，「うるさい，うざい，黙れ」などのなくしたい言葉が聞こえてきました。

> それはNGワードですね。「NGワードは使わない」約束ですね。

　教室からなくしたい言葉を子どもたちに考えさせると「ばか・うざい・どっかいけ」など人の心を傷つける言葉をたくさんあげてきます。このような人の心を傷つける言葉をNGワードとして，このような「NGワードは使わない」という価値語を指導します。NGワードを使ってしまう背景には，自分の気持ちを伝える言葉を知らないことや，相手と話し合いわかり合う経験がないことが原因であることも考えられます。

　それでもNGワードを口にしてしまう子どももいます。そのような子どもにはきちんと個別指導をすることも必要になってきます。　　　（久保　慶恵）

叱りたい・注意したい場面で伝えあう価値語

凧は向かい風の時によく揚がる

〔困難だと思える時は，成長のチャンスだと考える〕

価値語の概要・ねらい

いつも一生懸命頑張っている子どもたちでも，時に弱気になってしまう困難な状況に出会うことがあります。それは，ネガティブな言葉になって表れることが多いので，その言動に対して叱りたくなってしまうことがあります。この価値語は，そのネガティブを受け止めつつも，成長のために激励することをねらいとしています。

●価値語を伝えあう場面

いつも一生懸命頑張っているA君。しかし，数日後の全校発表を前にして弱気になり，「全校発表なんて，いやだな」とネガティブな言葉をこぼしてしまいました。ネガティブな言葉は，周囲をネガティブな雰囲気にさせてしまい，他の人のやる気を削いでしまうこともあります。教師としては，指導したい場面ですが，A君の気持ちも受け止めましょう。

> 凧は向かい風の時によく揚がります。困難だと思える「向かい風」の時は，成長のチャンスです。「ピンチは成長のチャンス」と考えて挑戦しましょう。

いつも頑張っているからこそ，プレッシャーを感じ，弱音が出てしまったのです。向かい風の時こそ，大きく成長することができることを伝え，励まし，ともに練習をするなどの指導をしましょう。全校発表が終わってからは，向かい風に負けずに挑戦したことをほめましょう。　　　　（久保　慶恵）

叱りたい・注意したい場面で伝えあう価値語

未来を見る「め」で

〔近い将来の自分をいい姿にする〕

> 価値語の概要・ねらい
>
> 何かをする時に,どんなことを考えて行動していますか? やらなければならないモノだから,仕方なくやっているということも多いはずです。そんな時,作業する前に「こんないいことがある」とイメージして行うと,前向きな姿勢で取り組むことができることを伝える価値語です。

●価値語を伝えあう場面

　冬休みに入る前,誰もが仲良くなり,掃除の時間も班で協力して頑張っている様子でした。そのような中で,1人だけ前向きになれないS君がいました。決して不真面目ではないのですが,何をしたらよいかわからずに困っていました。S君に,掃除のやり方は,普段は気づかないところまで細かく見ることが大切であることを伝えました。

> 　「もし,ここを掃除したら,みんなが気持ちよく過ごせる」というように,いいイメージをして下さい。「未来を見る『め』で」,素敵な場面を想像してから,掃除をしてみましょう。

　S君は自分の「め」で想像をふくらませながら,班のメンバーと綺麗にしようと心がけていました。掃除のやり方について,視点を与えるのも大切ですが,さらに大切なのは,「この作業によってどんな未来が待っているか?」と考えてさせることです。いいイメージで,未来を見ることができれば,前向きな取り掛かりができます。

（村井　哲朗）

叱りたい・注意したい場面で伝えあう価値語

外弁慶

〔教室でできることは教室の外でもできる〕

価値語の概要・ねらい

3学期は，スタート直後の1月とゴールが見える3月はピリッとした空気が漂うものの，2月は中だるみしがちです。たくさんのプラスの言動が教室にあふれる一方，教室外でその成果を出せずにいる子どももいます。自分たちのつけた力を，公の場で発揮させることがねらいです。

●価値語を伝えあう場面

珍しく校庭に雪が積もり，みんな大喜びで外に出ていきました。1学期は教室の中で野球ごっこをして，大騒ぎするなど落ち着きのなかったG君も，3学期になると教室でのルールをきちんと守れるようになりました。しかし，この雪に心躍らされ，雪合戦に夢中になったG君は玄関先で雪玉を投げて学校の玄関を雪だらけにしてしまい，教頭先生に叱られてしまいました。

> G君，今の君は教室でだけいい姿を見せている「内弁慶」だ。本当はできるのに，外へは隠している。これを機に「外弁慶」になってみようよ。

教室に安心感が生まれると，問題行動が減るだけでなく，できることも確実に増えていきます。それを教室の中だけで留めるのではなく，教室の外でもできるはずという勇気づけを行う必要があります。叱る場面でも，その子が「これまでできたこと」を認め，それを公の場でできるように背中を押す一言を言うことで，教室の外でも頑張る姿が増えていきました。（梅田　駿）

叱りたい・注意したい場面で伝えあう価値語

責任ある積極性

〔「人のために」を強く感じて，技を身につける〕

価値語の概要・ねらい

中途半端な仕事を続ける中で，技を磨くことはできません。責任を感じ，人のために努力を重ねた人だけが技術を高めることができます。無責任のままでは何も成し遂げることができません。本当にやるべきことは，「人のために」責任を果たす積極性ということを伝える価値語です。

●価値語を伝えあう場面

２学期になってからかかわりを多くさせるために，班での活動を頻繁に行ってきました。そんな中，各班長が代表して仕事をすることが多くなりました。例えば，プリントを集める，話し合いの司会をする，などです。それぞれを行っていると，やらされている思いが前面に出てきました。それは，まさに「無責任な積極性」です。あまりに酷く目立ってきたので，班長だけでなく，全体にも問いかけました。

> 尊敬される方は「人のために」を原動力に「責任のある積極性」をもって仕事をしています。これから社会に出るみなさんはどうですか？

何人かの子どもは，はっと気づいて自分にできることを考え始めました。その証拠に，ただプリントを集めるだけでなく揃えて集める，わからないことのある友達にわかりやすく説明する，意見の出ない友達の考えを質問で引き出す，ことをしていました。ただの積極性で終わらせない大切さを学び，人のためにできるようになりました。

（村井　哲朗）

叱りたい・注意したい場面で伝えあう価値語

「できる」ではなく「やる」

〔行動として事実を残す。責任ある行動をとる〕

価値語の概要・ねらい

「それ、できるよ」といくら言葉に出したところで、実際の行動が伴っていなければ、「それ、本当にできるの？」と疑わざるを得ません。できることを言葉に出すことも大事ですが、実際に「やる」ことで事実として示すとともに、行動に責任をもてる人になれるように促すことをねらいとしています。

●価値語を伝えあう場面

運動会の前に「運動会で頑張りたいこと」というテーマで成長ノートを書かせました。学級の子どもたちは、それぞれが思い描く目標を書き綴り、運動会成功に向けての思いを高めているように感じました。そこで、さらに非日常をよりよいものにしてほしいと思い、次のように言いました。

> 今日までみなさんは、とても一生懸命頑張って練習をしてきました。そんなみなさんだからこそ、今書いてもらった「運動会で頑張ること」は間違いなくやってくれることと思います。「『できる』ではなく『やる』」です。書いて終わるのではなく実際にやって、できるんだ、という事実を残しましょう。

普段は仲のいい友達に流され、やるべきことを見失いがちなＡ君が学級にいました。彼は運動会の後の振り返りで、この価値語を支えにしながら、目標に向けて頑張ることができたことを書いていました。　　　　　（井戸　省太）

【執筆者紹介】（執筆順）

菊池　省三（菊池道場道場長）
赤木　真美（広島県広島市立山田小学校）
堀井　麻美（広島県広島市立山田小学校）
梅田　　駿（広島県公立小学校）
久保　雄聖（広島県公立中学校）
久保　慶恵（広島県公立小学校）
大塚　秀彦（広島県広島市立山田小学校）
河内　伯子（広島県広島市立大塚中学校）
佐々木敬人（広島県公立小学校）
井戸　省太（広島県公立小学校）
片川　彩子（広島県公立小学校）
村井　哲朗（広島県広島市立五日市小学校）
中國　達彬（広島県公立小学校）
池田　藍子（広島県広島市立舟入小学校）

【著者紹介】

菊池　省三（きくち　しょうぞう）
愛媛県出身。「菊池道場」道場長。
小学校教師として「ほめ言葉のシャワー」など現代の学校現場に即した独自の実践によりコミュニケーション力あふれる教育を目指してきた。2015年3月に小学校教師を退職。自身の教育実践をより広く伝えるため，執筆・講演を行っている。

菊池道場広島支部（きくちどうじょうひろしましぶ）

菊池省三　365日の価値語
プラスの言葉で成長に導く最高の教室

2019年2月初版第1刷刊	©著　者	菊　　池　　省　　三
2022年1月初版第6刷刊		菊　池　道　場　広　島　支　部
	発行者	藤　　原　　光　　政
	発行所	明治図書出版株式会社

http://www.meijitosho.co.jp
（企画）茅野　現（校正）宮森由紀子
〒114-0023　東京都北区滝野川7-46-1
振替00160-5-151318　電話03(5907)6701
ご注文窓口　　　　　電話03(5907)6668

＊検印省略　　　　組版所　株式会社カシヨ

本書の無断コピーは，著作権・出版権にふれます。ご注意ください。

Printed in Japan　　　　　　ISBN978-4-18-231110-9

もれなくクーポンがもらえる！読者アンケートはこちらから→

大好評発売中!

菊池省三
365日の学級経営
8つの菊池メソッドでつくる最高の教室

菊池省三・菊池道場　著

**8つの菊池メソッドで
ほめ言葉があふれる
クラスをつくる!**

- メソッド1　ほめ言葉のシャワー
- メソッド2　価値語の指導
- メソッド3　コミュニケーションゲーム
- メソッド4　2種類の話し合い
- メソッド5　係活動
- メソッド6　成長ノート
- メソッド7　白い黒板
- メソッド8　試練の十番勝負

「ほめ言葉のシャワー」をはじめ、特徴的な実践をもとに荒れた学級を次々に立て直してきた、菊池省三氏。その菊池氏が学級づくりで大切にしてきた、8つのメソッドを解説するとともに、どのようにそのメソッドを生かしながら、1年間の学級づくりを行えばよいか大公開。

A5判　168頁　図書番号2165
本体2,060円+税

明治図書　携帯・スマートフォンからは **明治図書ONLINE へ**　書籍の検索、注文ができます。
http://www.meijitosho.co.jp　＊併記4桁の図書番号（英数字）でHP、携帯での検索・注文が簡単に行えます。
〒114-0023　東京都北区滝野川7-46-1　ご注文窓口　TEL 03-5907-6668　FAX 050-3156-2790

＊価格は全て本体価格表示です。